Feen begegnen

GILLY SERGIEV

Feen begegnen

Die wunderbare Welt der magischen Wesen

Aus dem Englischen von Birgit Baader

Die Schönheit und Fülle der Natur
Spiegelt die Arbeit der Naturgeister wider.
Elizabeth und Michael Fenn
Und allen Feen und ungebändigten Wesen sage ich:
»Kommt und tanzt mit mir, denn ich bin Gana Chovani«

KAILASH

Die Originalausgabe erschien 2002 bei Godsfield Press Ltd. unter dem Titel
How to Catch Fairies

Gestaltet für Godsfield Press von Bridgewater Book Company

Bildnachweis:
Ivan Hissey: S. 53, 55, 57, 59, 63, 67, 71, 73, 75, 77, 81, 85, 87, 91, 93, 95, 97, 99, 103, 105, 107, 111, 113, 115, 119, 120, 123, 127
Bridgeman Art Library: S. 9
Cameron Collection: S. 2, 10, 15, 19, 26, 29, 30, 33, 36, 38, 40, 43, 45, 49, 61, 64, 100, 125
Glasgow Museums and Art Gallery: S. 41
Guildhall Art Gallery, Corporation of London: S. 35, 39
Private Collection: S. 50
The de Morgan Foundation: S. 28

Umschlaggestaltung: Zembsch' Werkstatt, München
unter Verwendung einer Abbildung aus dem Innenteil (S.45)
Produktion: Maximiliane Seidl
Satz: EDV-Fotosatz Huber/Verlagsservice G. Pfeifer, Germering
Druck: Hong Kong Graphics and Printing Ltd., China
Printed in China

ISBN 3-7205-2438-8

INHALT

TEIL 1

EINE EINFÜHRUNG INS FEENREICH

Feen, Elfen, Naturgeister, Volk der Friedensbringer, der Helfer, der Unsichtbaren, der Kleinwüchsigen: Glauben Sie an Feen? Sehr viele Menschen (mich eingeschlossen) tun es. Nachfolgend möchte ich meine persönlichen Erfahrungen und Erlebnisse mit Feen weitergeben. Märchen und Legenden basieren auf tatsächlichen Begegnungen mit Naturgeistern und sollen alte Traditionen und Rituale in unserer Erinnerung lebendig erhalten.

Wenn ich als kleines Kind nicht einschlafen konnte, sagte meine Großmutter: »Schließ deine Augen und denk an die Feen.« So besuchten mich nach und nach viele Wesen: winzige schwarze Wiskies, große lichterfüllte Astralwesen, gutmütige, aber häufig tollpatschige Gnome, fürsorgliche und schelmische Elfen. Bald sah ich sie überall. Sie waren meine heimliche Familie. Heute ist die berühmte Zeile aus J. M. Barries *Peter Pan* leider traurige Wirklichkeit: »Immer wenn jemand sagt, er glaube nicht an sie, stirbt eine Fee.« Je weniger wir über Feen wissen und an sie glauben, umso mehr ziehen sie sich in die Anderswelt, ihr Feenland, zurück und verlassen unsere Welt.

LINKS *Feen bringen Licht in unsere Welt, wenn wir an sie glauben.*

RECHTS *Wie wir Menschen sehen Feen sehr unterschiedlich aus.*

Feen sind im Allgemeinen lustige, schelmische und unbeschwerte Wesen (einige mehr als andere), doch ihr Leben besteht aus weit mehr als purem Vergnügen. Außer dass sie mit ihren magischen Talenten in Musik und Tanz Leichtigkeit in unsere Welt bringen, spielen sie in unserem Leben eine sehr ernste Rolle. Sie lehren uns die Geheimnisse der Anderswelt, uraltes Geheimwissen, das uns stärken und bei den Problemen in dieser Welt helfen kann. Allerdings zweifeln die Feen oft, ob sie ihr heiliges Wissen weitergeben sollen, da die meisten Menschen nicht an ihre Existenz glauben. Sie erscheinen nur dem, der an sie glaubt.

Das Hauptproblem der Feen sind unsere Zweifel, d.h. unsere mangelnde Bereitschaft zuzuhören. Feen wollen mit uns zusammenleben, doch unser Unglaube erschwert ihre Existenz. Sagen Sie daher nie, dass sie nicht an Feen glauben! Dann öffnet sich Ihnen

LINKS *Heinzelmännchen sind besondere Freunde und immer hilfsbereit.*

der Weg in eine Welt voller Geheimnisse und Wunder.

Feen warten auf unseren Ruf. Mit einem Freund aus dem Feenland können Sie sich glücklich schätzen. Spielt er Ihnen einen Streich, möchte er Sie gewöhnlich auf etwas aufmerksam machen oder Ihnen etwas beibringen. Vor Kurzem entwendete mir ein Hausgeist einen goldenen Ohrring. Ich suchte überall, konnte ihn aber nirgends finden. Abends rief ich schließlich die Feen und bat sie, ihn mir zurückzubringen. Wenig später hörte ich ein leises Geräusch hinter mir, und als ich mich umschaute, sah ich meinen Ohrring auf dem Boden liegen. Er lag mitten im Zimmer und war nicht zu übersehen. Als ich ihn aufhob (und dem Hausgeist dankte), bemerkte ich, dass der Verschluss hinten fehlte. Der Hausgeist hatte mich also auf die Gefahr hingewiesen, dass ich meinen Ohrring ohne den Verschluss unwiederbringlich verlieren würde.

Sobald Sie Feen wahrnehmen können und in Ihr Leben integrieren, hören die magischen Momente nicht mehr auf. Sie werden ihnen überall begegnen. Und wenn die Feen merken, dass Sie sie wahrnehmen, bleiben sie für immer bei Ihnen und gehören fortan zu Ihrer Familie.

Sie dürfen ein Naturwesen nur einfangen, wenn Sie aus einem wichtigen Grund seine Zauberkraft benötigen. Halten Sie es jedoch niemals gegen seinen Willen fest. Es bleibt nur bei dem, der es liebt und respektiert. Eine unglückliche Fee ist nicht nur schwerer zu entdecken (sie verblasst oder versteckt sich in dunklen Ecken), ihre Stimmung beeinträchtigt auch Ihr Heim oder Ihre

UNTEN *Dryaden und Hamadryaden verkörpern die Eigenschaften eines Baumes.*

Umgebung. Ständig kaputte Glühbirnen oder verschwundene Katzen deuten darauf hin, dass Ihr Hausgeist sich nicht wohl fühlt. Allerdings lassen Feen sich nur fangen, wenn sie wirklich wollen: In ihrer Reinform sind sie ätherische Lichtwesen, die nichts halten kann. Daher liegt es an Ihnen, sie so zu behandeln, dass sie bei Ihnen bleiben.

Als kleines Mädchen reiste ich mit meiner Familie oft in unserem alten Auto zu meiner Großmutter. Auf der endlos erscheinenden Fahrt schaute ich aus dem Fenster, und je näher wir ihrem Haus kamen, umso deutlicher sah ich »meine« Baumgeister. Dabei fühlte ich mich so glücklich, dass ich mich frage, warum ich damals niemandem davon erzählte. Die Baumwesen erschienen mir ebenso normal wie die freundlichen Gesichter der Bedienungen in dem Lokal, wo wir jedes Mal rasteten. Zuerst sah ich einen Baum, dann nahm ich wie einen undeutlichen Schimmer den

LINKS *Naturgeister sind nicht für jeden sichtbar, trotzdem gibt es sie.*

Baumgeist wahr, während das Auto vorbeiraste.

Von nun an hielt ich immer bereits im Voraus nach den Bäumen Ausschau. Trotz der hohen Geschwindigkeit blieb die Welt der Baumgeister vor der Fensterscheibe konstant, so dass ich nach Herzenslust beobachten konnte. Die Baumgeister waren überall. Ich sah sie alle: hoch gewachsene, schlanke Pappeln wie rüschengeschmückte Gecken, tanzende Kirschbäume mit wehenden Röcken und blondgelockten Perücken, die spitzbübischen Grimassen kleiner, zierlicher Erlen und die uralten weisen Gesichter starker, kräftiger Eichen – alte, junge, mittelalte Wesen. Seither fühle ich eine tiefe Verbundenheit zwischen uns, und seit meiner ersten Begegnung mit den Dryaden (vor vielen Jahren) wuchs mein Wissen ständig. Heute sehe ich überall Myriaden von Naturwesen um mich herum.

In meinem Badezimmer lebt eine übermütige Gnomengruppe und im Kamin eine liebe kleine Fee, die mir immer wieder verlorene Dinge zurückbringt, überall herumtanzt und Liebe ausstrahlt. Ich habe meine kleine Besucherin noch nie direkt gesehen, sondern immer nur aus den Augenwinkeln, wenn sie auf einem ihrer vielen Botengänge vorbeihuscht. Sie ist ständig in Eile, und gewöhnlich sehe ich nur einen dunklen Schatten von ihr.

RECHTS *Feen verstecken sich gut, doch mit Übung lernt man sie zu sehen.*

Einmal sauste sie überraschend hinter mir vorbei, und ich stolperte, da ich sie für die Katze hielt und ihr ausweichen wollte. Beim Aufstehen entdeckte ich meine Katze auf dem Fensterbrett, wo sie die ganze Zeit gelegen und geschlafen hatte. Unterdessen fiel eine Kerze auf dem Kamin um – meine Fee schien es eilig zu haben, in ihr Versteck zu kommen.

Sprechen Sie ungezwungen und spontan mit Ihren unsichtbaren Mitbewohnern (hinterlassen Sie Ihnen gelegentlich kleine Geschenke), und denken Sie vor allem an sie, dann werden sie Ihr Leben und Ihren Alltag gerne mit ihrem Zauber bereichern. Vielleicht erscheinen sie sofort, vielleicht dauert es eine Zeitlang, doch wenn Sie unerschütterlich an sie glauben und ihre Anwesenheit annehmen, werden Sie nie wieder alleine sein. Wenn Sie eine Fee »eingefangen« haben, zieht sie es vielleicht vor, unsichtbar zu bleiben. Mit etwas Geduld und Übung lernen Sie jedoch recht bald, sie zu sehen. Sehr oft erscheinen Naturgeister, wenn man es am wenigsten erwartet. Sie passen ihre eigenen Schwingungen auf metaphysischer Ebene an ihre Umgebung an. Selbst liebenswerte, freche Kobolde können uns etwas lehren, und mit Sicherheit bringen sie uns oft zum Lachen.

Es gibt sehr viele verschiedene Wesen in allen möglichen Gestalten und Größen, mit unterschiedlichen Gewohnheiten und Persönlichkeiten, magischen Fähigkeiten und Zauberkräften. Einige sind mehr, andere weniger bekannt. In den folgenden Kapiteln werden Sie manchen bekannteren Arten begegnen.

Haben Sie das Glück, dass Naturgeister Sie besuchen, sollten Sie wissen, wie man für sie sorgt und wann sie sich bei Ihnen glücklich fühlen. Andernfalls können Sie versuchen,

LINKS *Der Erfolg hängt von der Feenart ab, hinter der Sie her sind!*

ihre Aufmerksamkeit zu erregen und sie zu fangen.

Dieses Buch vermittelt Ihnen einen Einblick in die wundervolle Welt der Feen und ihre Bedeutung für Ihr Leben. Es ist sehr wichtig zu wissen, wie man ihnen begegnet und sie zufrieden stellt. Denn ob sie freiwillig auftauchen oder gefangen werden – sie bleiben nur, wenn Sie sie richtig behandeln. Viel Glück!

DIE HERKUNFT DER FEEN

Feen gelten als direkte Nachfahren eines magischen Volkes – in England als Tuatha Dé Danann, Volk der Göttin Danu, bekannt – und der Menschen. Meist lebten sie in der Anderswelt Tir Nau Og, einem zauberhaften Land in einem Paralleluniversum, nur durch einen hauchdünnen, magischen Schleier von der Menschenwelt getrennt. Im Laufe der Jahrtausende wurde der Schleier immer undurchdringlicher. Die Feen zogen sich allmählich in ihr unsichtbares Reich zurück, bis die Menschen im 19. Jhd. glaubten, sie wären ausgestorben. Heute wissen wir es besser, doch aufgrund unseres mangelnden Interesses bleiben die Feen lieber unsichtbar. Sie leben unter der Erde, an heiligen Kraftorten oder geschützt hinter dem Schleier zwischen den Welten.

Sidhe oder *si* (gesprochen »schi«) ist ein altes Wort für Hügelgrab. *Bean* und *fer sidhe* sind Überbegriffe für das kleine Feenvolk in den Hügeln. *Bean sidhe* umfassen die verschiedenen weiblichen Feenarten, *fer sidhe* die zahlreichen männlichen Naturgeister. Beide Gruppen haben zahlreiche individuelle Namen, Erscheinungsformen und Fähigkeiten, gleichen sich jedoch aufgrund ihrer außergewöhnlichen Schönheit.

D A S   F E E N L A N D

Das Feenland gehört zur Anderswelt, einem versteckten, unterirdischen Ort, wo der Sommer nie endet. Es ist die feinstoffliche Welt, die neben unserer in einer anderen Raum-Zeit-Dimension existiert. Feen fällt es leicht, zwischen beiden Welten zu wechseln. Sie kennen die Übergänge und Zauberformeln. Wir Menschen hingegen haben die alten Wege vergessen und tun uns schwerer. Druiden und Hexen, die Hüter alten Wissens, nennt man wegen ihrer Fähigkeit, zwischen zwei heiligen Räumen zu wechseln, auch »Wanderer zwischen den Welten«. Geheime Übergänge oder »Vorhänge« finden sich überall auf der Erde,

RECHTS *Viele vermuten Avalon unter dem heiligen Felsen von Glastonbury.*

und wenn Sie zufällig darauf stoßen oder den Weg kennen, ist es leicht, ins Feenland zu reisen. Doch Vorsicht: Die Rückkehr in unsere Welt ist unter Umständen äußerst schwierig und oft sogar unmöglich.

Mit dem Feenland eng verbundene magische Orte, an die wir uns noch vage erinnern, sind u. a. Vale of Galoche, der Zauberwald Brocéliande in der Bretagne (angeblich Merlins Schlafstätte) und die Insel von Bran, verborgen im Nebel des Feenlandes, wo die Zeit stillsteht und Essen und Trinken von unsichtbarer Hand im Überfluss gereicht wird. Allgemein bekannt ist Avalon, Avilion oder Afalon, die Feeninsel, auch Apfelinsel genannt (*afel* ist der walisische Ausdruck für Apfel, Symbol weiblicher Zauberkraft, Avalon bedeutet demnach »Insel der Weiblichen Gotteskraft«). Die genaue Lage von Avalon ist umstritten. Viele glauben, es befindet sich über bzw. unter dem Turm von Glastonbury in England in der geheimnisvollen Dimension der Anderswelt. Über Glastonbury gibt es unzählige und zum Teil sehr unterschiedliche Legenden. Zweifellos übt dieser Ort eine ganz eigene und starke Faszination auf alle Mystiker aus. Die heidnischen Kelten kannten Glastonbury unter dem Namen Ynys Witrin, Glasinsel, denn lange bevor die Sümpfe dort trockengelegt wurden, verwandelten starke Überschwemmungen das Gebiet jeden Winter in eine Insel.

Andere vermuten die Feeninsel in den Meerestiefen rund um das sagenumwobene Reich von Lyonness zwischen Land's End an der Südwestspitze Englands und den Scilly-Inseln. Etwa zehn Kilometer westlich von Land's End soll sich unter sieben großen Steinen eine Feenstadt befinden. Manche wiederum glauben, bestimmte Gebiete des Feenlandes lägen irgendwo in Frankreich.

Sicher ist, dass das Reich der Feen uns überall umgibt und uns mit seinen geheimnisvollen Sphären, Gemeinschaften, Städten, versteckten Schlössern tief unter zahlreichen alten Geheimplätzen und Grabhügeln in der ganzen Welt begegnet. Wer wirklich sucht, der wird die Zugänge zum Feenland finden.

MERLIN

Merlin – Myrddin, Taliesin, Druide, Hexenmeister, Zauberer, Magier, Geliebter von Nimue und Vater von Niniane – kennen die meisten als Berater König Arthurs. Lange bevor Menschen England besiedelten, hieß die Insel Clas Myrddin, Myrddins Reich, und Myrddin wurde als Gott verehrt. Sein Sarg soll aus Diamanten, Nebel oder Glas gemacht und von blühendem Weißdorn umrankt sein und sich in Stonehenge befinden. Bis zum heutigen Tag hält man diesen heiligen Kraftort für einen Zugang zur Anderswelt. Innerhalb des mystischen Steinkreises findet man heilige Gegenstände, die den Eintritt ermöglichen. Unter dem Einfluss verschiedener Kulturen und Religionen wurde der Gott Myrddin allmählich zu Merlin, dem Zauberer, der Weisheit

LINKS *Der friedlich schlafende Merlin erwartet den magischen Zeitpunkt seiner Rückkehr in unsere Welt.*

UNTEN *Um Stonehenge ranken sich zahlreiche heilige Mythen und Legenden.*

und Heilung unter die Menschen brachte.

Die letzte Überlieferung von Merlin ist die Legende von Bardsey, in der er die »Dreizehn Schätze Britanniens« in Begleitung von neun Barden zur Insel Bardsey brachte. Daraufhin verließ er die Welt der Sterblichen.

Immer wieder taucht die Frage nach Merlins heutigem Aufenthaltsort auf. Manche glauben, er schlafe tief unter dem Hügel von Glastonbury,

UNTEN *Ein heiliger heidnischer Kessel – wertvollster Besitz der Feen.*

neben Arthur und dessen Rittern, und warte auf den rechten Zeitpunkt seiner Rückkehr. Andere vermuten ihn im französischen Zauberwald Brocéliande. Viele sind überzeugt, dass er mitten unter uns weilt und jeder eine spirituelle Verbindung zu ihm aufbauen kann. In Cornwall gibt es eine Höhle unter der Burg Tintagle Castle, bekannt als »Merlins Höhle«, wo er selbst und seine spirituelle Essenz zu finden sein soll. Sicher ist: Wer Merlin aufrichtig ruft, wird eine Antwort erhalten.

DIE DREIZEHN SCHÄTZE

Der alte Mondkalender zählt 13 Monate im Jahr, und jeder Schatz wurde einem bestimmten Mondmonat zugeordnet. Die den einzelnen Schätzen zugeschriebenen Zauberkräfte sind so breit gefächert, dass es keine »endgültige« Auflistung geben kann; sie wechselt ständig. Trotzdem finden Sie hier die grundlegendsten Punkte gemäß den Überlieferungen alter keltischer Druiden und Druidinnen, die von Seher zu Seher weitergegeben wurden. Die genaue Bedeutung und Relevanz der Schätze muss jeder individuell für sich entscheiden. Vergleichbar einem Geheimcode haben uns die Druiden Bilder und Symbole hinterlassen, die weit mehr aussagen, als es auf den ersten Blick scheint. Wenn Sie einen Schatz wählen und über seine Bedeutung meditieren, werden Sie Erleuchtung und magische Veränderungen in Ihrem Leben erleben.

1. Der Ring der Unsichtbarkeit (Das Halfter): ein Ring, der seinen Träger unsichtbar macht.

2. Der Ring des Kriegers (Die Rüstung): ein Ring, der die Farbe der Rüstung seines Trägers verändert.

RECHTS *König Arthur war nach alten Überlieferungen König der Feen.*

3. Der magische Kandelaber (Der Streitwagen): Er brennt ewig und kann nur durch eine Zauberformel gelöscht werden.

4. Excalibur oder Caliburn (Das Schwert): Arthurs magisches Schwert.

5. Der Gral (Der Kelch): ein Kelch, der für Weltfrieden sorgt und Ödland fruchtbar macht. Wer aus ihm trinkt, erhält tiefes Wissen und erfährt innere Wandlung.

6. Der Krater (Das Drinkhorn): ein Kelch, in dem die Götter die Schöpfung zusammenmischten. Wer aus ihm trinkt, erhält Einsicht in den Sinn des Lebens und tiefe Inspiration.

7. Der Kessel der Ceridwen oder Der Kessel des Diwrnach (Der Wetzstein): Wer ihn berührt, erhält ewiges Leben.

8. Die Schale von Rhydderch, dem Wohltätigen (Die Schale): sorgt für Speisen im Überfluss und leert sich nie.

9. Der Zauberstab (Der Umhang): ein Stab mit einem Widderkopf, um den sich eine Schlange windet. Symbol für die geheime weibliche Kraft Gottes.

10. Die magische Lanze (Das Messer): Von dieser Lanze tropft endlos Zauberblut, das Verletzungen heilt.

11. Der Blaue Kessel von Tyrnoe (Die Pfanne): Magischer Kessel der Erdgöttin Freia für Fruchtbarkeit und Zukunftsschau, der von vier Zwergen aus verzaubertem Gold und Silber gemacht wurde.

12. Der Kessel von Tyrnoc oder Dyrnawg (Der Korb), gehört dem König von Annwn: ein Zauberkessel, der dem Tapferen Essen darbietet, jedoch nicht dem Feigling.

13. Der Kessel der Branwen (Das Schachbrett): wandelt Tod in Leben.

MORGANA

Morgan Le Fay ist der englische Name der aus der Artussage bekannten Fee. Sie besitzt viele Namen, und ihre genaue Herkunft ist unklar – nichts Ungewöhnliches bei einer Fee. Die älteste Überlieferung sieht in ihr eine Wassernymphe, Tochter des Königs Avallach, Herrscher der heiligen Insel Avalon. Nach seinem Tod wurde sie Königin des Zauberreiches. Morgana war auch als Flussgöttin Modron, manchmal auch Matrona, bekannt. In Frankreich heißt sie Morgaine La Fée, in Italien Fata Morgana. Weitere Namen sind u. a.: Morgan, Herrin der Seen und Flüsse, Nimue (Geliebte Merlins) und Viviane, Herrin vom See und der Heiligen Insel. In Vivianes Gestalt tauchte ihr Arm aus dem Wasser und holte Arthurs Schwert zurück.

Morgana verkörpert viele verschiedene Persönlichkeiten – daher ihre vielen Namen. Auch ihre acht

LINKS *Morgana ist auf der ganzen Welt für ihre Zauberkräfte bekannt.*

RECHTS *Die Herrin der Seen holt Arthurs Schwert nach seinem Tod zurück.*

Schwestern sind in Wirklichkeit nur weitere Erscheinungen Morganas, die unterschiedliche archetypische Aspekte repräsentieren.

Unter Merlins Anleitung wurde Morgana zu einer großen Heilerin. Auf Reisen verwandelte sie sich häufig in einen Vogel. Aufgrund ihrer acht unterschiedlichen Erscheinungsformen gehen die Darstellungen von Morgana weit auseinander. Die bekanntesten zeigen sie als Wassernymphe Viviane, von ätherischer, außerirdischer Schönheit, jugendlicher Anmut und Reinheit, und als wunderschöne, temperamentvolle Königin von Avalon.

Einfach zu erkennen ist sie auch anhand der Farben ihrer heiligen Gewänder. Als Morgana trägt sie ein opalenes, in allen Regenbogenfarben schillerndes Kleid – Sinnbild für ihre vielfältigen Charaktereigenschaften. In Gestalt der Dreifachen Göttin, ihrer heiligsten Pflicht, sind ihre Gewänder weiß für die Jungfrau, rot für die Mutter oder schwarz für Crone, die dunkle Göttin. Erscheint sie als Herrin der Seen, trägt sie blau-silberne, als Heilerin grüne und goldene und als mystische Hohepriesterin violette Kleider. Bei Fruchtbarkeitsriten erscheint sie in Gelb, beim Wechsel zwischen den Welten in Braun. Morgana kann nicht auf eine einzelne Erscheinungsform festgelegt werden, doch immer werden ihre außergewöhnliche Schönheit und ihre magischen Kräfte gerühmt.

DER GRÜNE MANN

Mit seinem Zauberstock, an dessen Spitze sich ein Tannenzapfen befindet, ist der Grüne Mann eine der ältesten Darstellungsformen des heidnischen Gottes »Der Gehörnte« – der friedliche, naturliebende Paganus, Gott der Fruchtbarkeit und des Erdbodens. Er wird oft in Braun oder Grün abgebildet, das Gesicht vollständig mit Eichenblättern, Tannen- oder Kiefernzweigen und Weinreben bedeckt, ein Ausdruck für den alten Glauben, dass die Essenz einer Seele und die Unsterblichkeit im Kopf liegen. Die Tanne symbolisiert Ewigkeit, die Kiefer Hoffnung (in Notzeiten). Ihre Zweige lassen sein Gesicht zeitlos und weise erscheinen. Zwischen vielen Blättern trägt er Schmuck aus Eicheln und Beeren. Er ist Herr über die Ewigen Wälder und auch bekannt als Viridias, der »Junge Wächter der Wälder«. Abbildungen findet man in Stein- und Holzgravierungen auf der ganzen Welt. Auch wenn einige Abbildungen im Laufe der Zeit verändert und dem wechselnden spirituellen Verständnis angepasst wurden, bleibt er immer der Vater von allem Lebendigen.

RECHTS *Das Gesicht des Grünen Mannes ist bedeckt von Blättern und Beeren.*

LINKS *Als uralter Naturgeist wacht der Grüne Mann über unsere Welt.*

DER FISCHERKÖNIG

Die Legende des Fischerkönigs wird häufig der Zeit von König Arthur zugeordnet. Allerdings gibt es auch verschiedene frühere Überlieferungen. Hier die Version der Feenmythologie: Der Fischerkönig, Sohn eines Meeresgottes und einer Wassernymphe, war ein sehr wohlhabender Feenkönig. Er lebte in einem prächtigen Schloss, umgeben von saftigen Wiesen und fruchtbaren Ländereien. Eines Tages verwundete ihn ein feindlicher Feenkönig mit einer magischen Lanze an beiden Oberschenkeln. Seine einzige Hoffnung auf Heilung lag darin, dass der magische Gral in seinem Schloss von seinem rechtmäßigen Hüter gefunden wurde. Während er auf das Erscheinen des Gralshüters wartete, ging es dem Fischerkönig immer schlechter, und seine Wiesen und Ländereien verdorrten. Bald lebten seine Untertanen in Armut, und sein Königreich wurde zu Ödland. Die einzige Freude des Fischerkönigs war das Angeln an einem großen See.

Der Legende nach besuchte einer von Arthurs Rittern den Fischerkönig. Er sah den Gral, sagte aber nichts. Auch der Meeresgott und die Wassernymphe waren an-

UNTEN *Vielleicht symbolisiert das Warten des Fischerkönigs die Sehnsucht nach unserer eigenen Feenwelt.*

UNTEN *Parzival versagt auf der Suche nach dem Gral, da er nicht der von den Feen erwartete Gralshüter ist.*

wesend. Zwar bemerkte der Ritter Perceval (oder Parzival) die furchtbaren Wunden des Fischerkönigs, doch auch er schwieg aus Höflichkeit. Wegen seiner Zurückhaltung konnte Parzival den Fischerkönig nicht heilen, da er den Gral nicht erkannte und keine genaueren Fragen nach seiner Herkunft stellte. Dass er sich nicht traute, die Wunden des Fischerkönigs und die Schönheit des Grals zu erwähnen, zeigte, dass er nicht der Hüter des Grals war. Als Parzival am nächsten Tag erwachte, waren das Schloss und die drei Feengestalten verschwunden. Er selbst fand sich auf trockenem Ödland wieder.

FEENKÖNIGINNEN UND GUTE FEEN

Unter den Namen Titania (Tochter der Titanen) und Mab soll die Oberste Feenkönigin Englands auf Castle Chariot im Reich Lyonness wohnen, irgendwo zwischen Land's End und den Scilly-Inseln. Viele Unterköniginnen regieren mit ihrem Gemahl die verschiedenen *sidhe*-Reiche Britanniens und dem Rest der Welt.

Der so genannte Feenreigen ist eine bedeutende königliche Prozession aller Feen unter Führung ihrer Königinnen und ihrem königlichen Gemahl. Augenzeugen berichten, dass alle Teilnehmer prächtig gekleidet sind und kleine weiße Pferde reiten. Mit Prunk und Glanz zieht die Feenkönigin mit ihrem Gemahl, gefolgt von Rittern und dem Feenadel, auf einer magischen Pilgerreise durch die Gefilde der Menschen.

Die langen Mähnen und Schweife der Pferde sind mit Maiglöckchen

LINKS *Es ist eine große Ehre, Zeuge des geheimen Feenreigens zu sein.*

RECHTS *Manche gute Fee wird zur bösen Hexe, die man in jedem Fall meiden sollte.*

und Vergissmeinnicht geschmückt, goldene und silberne Glöckchen an schmalen weißen Bändern klingeln sanft bei jedem Schritt. Noch prächtiger sind die Reiter anzusehen, in ihren kleinen, juwelenbesetzten bunten Gewändern aus Samt, Seide und Satin, bestickt mit Staubperlen und glänzenden Silberfäden. Alle tragen winzige spitze Krönchen, die von den Zwergen aus edelsten Metallen gefertigt wurden. Mondschein und Nebel tauchen den Zug in magisches Licht, und die Feen singen zauberhafte Melodien und verstreuen Goldstaub und Rosenpollen.

Es bringt Glück, einen Feenzug zu sehen, und Sie sollten respektvoll den Kopf neigen, egal ob Sie entdeckt wurden oder nicht. Wenn Sie der Prozession eine Weile schweigend folgen, werden Sie beobachten, wie die Feen vor einem Zugang zur Anderswelt verschwinden.

Gute Feen sind Schutzgeister, die über Menschenkinder wachen. Innerhalb der Anderswelt haben sie einen gewissen Grad an Hingabe erreicht und suchen positive Kontakte zu den Menschen, häufig als Beschützer einer speziellen Familie. Ihre Zauberkraft gleicht der Magie der Parzen, und sie können Wünsche zu Gunsten ihres Patenkindes erfüllen. Schutz, Erfolg, Gesundheit, Wohlstand und Schönheit sind traditionell die Gaben einer guten Fee, die sie ihrem Patenkind im Allgemeinen bei der Geburt überbringt.

Da Feen äußerst vielschichtige und außergewöhnliche Wesen sind, ist nicht jede »gute Fee« zwangsläufig eine gute Beschützerin. Einige wählen einen schlechten Weg und werden als Hexen bezeichnet. Berühmte Hexen sind die Blaue Cally von Ulster, deren Macht am Frühlingsanfang erlischt, und die Schwarze Annis, eine blaugesichtige Hexe aus Leicestershire in England.

KRIEGSELFEN

Die Hauptfarben der Kriegselfen sind Blau, Rot und Weiß. Sie haben entweder naturrote oder mit einem besonderen, zersetzenden Moos gefärbte Haare und werden von weißen Hunden mit roten Ohren begleitet. Als Kopfschmuck tragen sie Stierhörner, ein phallisches Symbol für Fruchtbarkeit und Schutz, und Krähenflügel, Symbol für das Leben nach dem Tod, bzw. Kranichfedern, Zeichen dunkler Abgründe. Ihre Gesichter sind mit magischen Symbolen bemalt. Ansonsten sind sie recht spärlich bekleidet. Ihr Schmuck soll sie im Kampf schützen. Sie haben Waffen aus Blei und erscheinen ihren Feinden häufig als Geistwesen, ein Zeichen einer bevorstehenden Niederlage oder des Todes. Kriegsgeister tanzen vor dem Kampf im Uhrzeigersinn innerhalb von Steinkreisen, um Kraft und Schutz vom Sonnengott zu erhalten, und andersherum für Schutz und Magie der Mondgöttin. Bekannte Kriegselfen, die teilweise auch als Götter und Göttinnen verehrt wurden, sind: die Göttin des Schlachtfeldes Morrigan (erschien meist als Krähe), die Kriegsgöttinnen Scathach und Aoife und die Siegesgöttin Andastra.

Sumpfelfen, auch als Irrlichter oder Laternengeister bekannt, gehören ebenfalls zu den Kriegselfen. Sie lebten in Sümpfen und hielten Ausschau nach befeindeten Elfen, die sie in trügerische Moore lockten, wo sie im Schlamm versanken und ertranken. Jede Elfenbande hatte ihre eige-

LINKS *Kriegselfen lehren uns den Umgang mit Negativität.*

nen Laternengeister und einen speziellen Pfiff, der viele in einen fürchterlichen Tod lockte. Als die Elfenkriege nachließen und die Irrlichter nicht länger gebraucht wurden, stürzten sie sich fortan auf einsame Wanderer, die des Nachts die Moore durchquerten. Diese folgen den in der Ferne flackernden rötlichen Lichtern hoffnungsvoll und ahnungslos in den Tod. Die einzige Chance, Irrlichtern zu entgehen, besteht darin, sich mit dem Gesicht nach unten auf den Boden zu legen und zu warten, bis die Sonne aufgeht bzw. die Lichter verschwunden sind.

Die kleinwüchsigen Redcaps mit ihren roten Mützen waren im Schottischen Hochland zu Hause, bevorzugt an Orten mit einer gewalttätigen Vergangenheit. Ihren Namen (dt. Rotkappen) erhielten sie aufgrund ihrer roten Kleidung, vor allem wegen der roten Kappen, die sie im Blut ihrer getöteten Opfer wuschen. Gefährten der Redcaps sind die Hochland-Glaistigs, die uns Menschen in Gestalt wunderschöner Frauen erscheinen. In Wirklichkeit sind sie Vampire, die jeden, der mit ihnen tanzt, beißen und sein Blut trinken. Zum Schutz vor bösartigen Naturgeistern können Sie eine Triage aus Blei, einer Prise Salz und einer Knoblauchzehe bei sich tragen.

OBEN *Tragen Sie eine Triage in einem roten Tuch bei sich, wenn Sie Kriegselfen in der Nähe vermuten.*

DIE NAHRUNG DER FEEN

OBEN *Gier mögen Feen an Menschen überhaupt nicht.*

In einigen alten Texten steht geschrieben, dass es in Feenland keine Milchprodukte gab. Daher mussten sie diese Nahrungsmittel von den Menschen »leihen«. Dies erklärt, warum Lebensmittel wie Milch, Sahne und Butter gelegentlich schneller als erwartet verschwinden, und verschüttete Milchflecken am Boden, welche die eilig davonhuschenden Wesen hinterlassen, wenn sie in der Küche oder im Kuhstall überrascht werden. Feen bereiten ihre sehr ausgefallen schmeckenden Speisen traditionell aus Blättern von Büschen, Blumen und Bäumen und magischen Zutaten. Pilze sind ihre Lieblingsspeise, und sie sind große Pilzkenner. Bei Festen gibt es die unterschiedlichsten außergewöhnlichen Köstlichkeiten, die menschliche Gaumen verzaubern sollen. Doch nehmen Sie auf einer Reise durchs Feenland nichts außer Wasser zu sich, da Sie sonst für immer dort bleiben müssen. Die roten Beeren der Eberesche zählen zu den besonderen Leckereien, auch wenn sie für uns Menschen giftig sind. Aus dem erlesenen Rotwein der griechischen Göttin Hera wird Ambrosia gemacht. Täglich eingenommen und mit heiligen Kräutern gemischt, soll dieser Trunk Unsterblichkeit verleihen. Ein vorzügliches Getränk ist auch der aus bestimmten Samen und Honig gebraute Nektar. Ein Glas davon beruhigt den Geist, gibt Lebensfreude und vertreibt die Sorgen. Seien Sie in Gegenwart von Feen nie gierig, denn sie hassen dies zutiefst.

F E E N R I N G E

Kreisförmig wachsende Pflanzen, z. B. Pilze oder Gänseblümchen, sind traditionell als »Feenringe« bekannt. Manche Feenringe sind schwer zu entdecken. Sie bestehen aus Grasbüscheln, die über die umstehende Grasfläche herausragen und einen Kreis bilden. Die Feen feiern dort ihre Sonnwendfeste. Beim Tanzen treten sie das Gras in Form eines Kreises (der symbolträchtigsten geometrischen Form) nieder. Zuerst wird eine Grenzlinie gezogen, in der sie so lange im Kreis tanzen, bis das platt gedrückte Gras dreimal so grün leuchtet wie das der Umgebung und einen richtigen Feenring bildet. Dann erst beginnt das eigentliche Fest. Feenringe dürfen nicht mit den viel größeren Kornkreisen verwechselt werden. Sie sind vollkommen andere mystische Erscheinungen. Wenn Sie einer Fee begegnen wollen, umrunden Sie einen Feenring bei Vollmond neunmal gegen den Uhrzeigersinn. Ein Wunsch, der bei Vollmond in einem Feenring ausgesprochen wird, geht in Erfüllung, sagt man. Wer an Beltane oder Samhuin in einem Feenring meditiert, wird nicht nur Feen sehen, sondern unter Umständen von ihnen mitgenommen.

OBEN *Geheime Feenringe sind schwer zu entdecken.*

FESTTAGE DER FEEN

Die beste Zeit, um Naturwesen zu begegnen, ist um Mitternacht oder in der Dämmerung bei Vollmond. Beltane, Sommersonnenwende und Samhuin sind die drei wichtigsten heidnischen Feste der Feen. Cetshamain ist die Zeit der lauten, ausgelassenen Feiern, auf denen die Fruchtbarkeit und Liebesmagie eine wesentliche Rolle spielen. Die Sommersonnenwende wird zu Ehren des Feuers gefeiert. Im Mittelpunkt stehen die heilenden, reinigenden Kräfte. An Samhuin, einem eher ernsten Fest, geht es um Tod und Wiedergeburt und die Kraft der Kommunikation. Ein weiteres wichtiges Fest ist Lammas, bei dem zwei Rituale im Vordergrund stehen: das so genannte »loaf mass«, ein Weizenbrot zu Ehren der Göttin des Getreides, gebacken aus Körnern der allerersten Weizenernte im Sommer; außerdem eine Strohpuppe in Form der Göttin, geflochten aus Weizenhalmen vom letzten Erntetag. Dadurch schlüpft der Geist der Göttin in die Puppe und sichert eine gute Ernte im nächsten Jahr.

BESONDERE FESTTAGE

- *Lady Day (Mariä Verkündigung, 25. März): zu Ehren der weiblichen Kraft und ihrer Verbindung mit der dreifachen Göttin (Lady Day ist der alte volkstümliche Name für die Frühjahrstagundnachtgleiche.)*
- *Cetshamain (30. April – 1. Mai): Fest der Fruchtbarkeitsriten und Sexualität.*
- *Sommersonnenwende (21./22. Juni): zu Ehren der Sonne in ihrer stärksten und magischsten Form.*
- *Lammas (2. August): Erntedankfest.*
- *Samhuin (31. Oktober – 1. November): zu Ehren der Seelen, die aus dem »Sommerland« zurückkehren.*
- *Wintersonnenwende (22. Dezember): zu Ehren der Wiedergeburt des neuen Sonnengottes und der Erneuerung der Erde.*

MUSIK UND SPRACHE DER FEEN

Feen lieben Musik, Tanz, Spaß und Gelächter. Ihre Melodien sind wunderschön. Leider ziehen sie uns Menschen mit ihrer Musik manchmal so in ihren Bann, dass wir nicht mehr oder nur mit größter geistiger Anstrengung davon loskommen.

Einige Feenarten, z. B. die Fenshees (s. S. 70), wollen uns mit ihrem Geigenspiel verzaubern und uns für alle Zeiten in der Anderswelt tanzen lassen. In erster Linie geht es ihnen dabei um ihren Spaß. Kann man sich jedoch nicht lösen, oder hören sie nicht auf zu spielen, hat dies unangenehme Folgen. Viele Sagen erzählen von Menschen, die auf diese Weise verzaubert wurden – nehmen Sie sich daher in Acht, wenn sie die süßen Geigenklänge im Nachtnebel vernehmen. Feenzauber wirkt am besten in Verbindung mit Musik oder rhythmischen Klängen. Wir können die Sprache der Feen nicht verstehen, aber sie sprechen unsere, wenn sie wollen.

OBEN *Feenmusik hat mehr Zauberkraft, als mancher vermutet.*

RAUM UND ZEIT IM FEENLAND

Feen entfalten ihre größte Zauberkraft um Mitternacht, bei Dämmerung in Voll- bzw. Neumondnächten oder während einer Mondfinsternis. Durch ihre Anwesenheit wird es seltsam still, und bei Dämmerung singen häufig auffallend viele Vögel. Die Zeit im Feenland verstreicht unterschiedlich schnell und ist ewig. Feen werden sehr alt, ohne körperlich zu altern. Es kommt daher häufig vor, dass Menschen für mehrere Jahre in der Anderswelt verschwanden, und bei ihrer Rückkehr meinten, sie wären nur ein paar Tage lang weg gewesen. Die Zeit vergeht im Feenland anders: Ein Feenjahr entspricht beispielsweise 365 Menschenjahren, aber zehn Jahre in unserer Welt entsprechen paradoxerweise einer Nacht im Feenland. Noch eigenartiger ist die Tatsache, dass während drei Tagen in der Anderswelt in unserer Menschenwelt manchmal überhaupt keine Zeit vergangen ist. Welche Zeitrechnung stimmt nun? Jede!

UNTEN *Schmetterlinge ziehen den Blätterwagen kleiner Feen, die lieber vorausreiten.*

UNTEN *Sehr kleine Feenarten spannen Hummeln ein, die ihre Wägelchen ziehen.*

Manche Menschen kommen nie aus dem Feenland zurück. Daher ist es ratsam, einige Vorbereitungen zu treffen, falls Sie beabsichtigen, dorthin zu reisen. Tragen Sie z. B. einen Kranz aus Thymian und Lorbeerblättern um den Hals, damit Sie die Feen sehen können, stecken Sie als Schutz Zweige der Eberesche, Eisenkraut und Misteln ins Haar, um sicher in die sterbliche Welt zurückzukehren, und nehmen Sie einen Achat als unsichtbaren Talisman mit.

Feen benutzen zahlreiche verschiedene Fortbewegungsmittel. Obwohl die meisten Flügel besitzen, dienen diese in vielen Fällen nur der Dekoration und sind nicht stark genug für einen Flug. Der Zauberstab der Feen ist sehr klein und aus Jakobskrautstängeln oder Strohhalmen gemacht. Meereswesen reisen gerne in Booten oder auf Delfinen, Nixen bevorzugen Schwäne. Kleinere Erdgeister wie Zwerge und Goblins reiten auf Ponys oder Ziegen. Ganz winzige Feenarten fliegen auf Schmetterlingen, Libellen, Tauben, Pfauen, Fledermäusen und Nachtfaltern. Wenn sie nicht die Dienste eines Vogels oder eines anderen Tieres in Anspruch nehmen, benutzen Feen auch kleine rote Zauberkappen zum Fliegen. Hier einige englische Flugzaubersprüche von Naturgeistern und Hexen: »Horse and hattock!«, »Ho! Up and go!« oder »Here's off, here's after«.

KLEINE FEENKUNDE

- Grün ist die Lieblingsfarbe der Feen. Mit grüner Kleidung geben Sie sich als Feenfreund zu erkennen und ziehen Glück an.
- Feenaltare sollten immer nach Osten gerichtet sein, damit Sie beim Gebet, und wenn die Feen erscheinen, die ersten magischen Strahlen des Mondes einfangen können.

- Glühwürmchen liefern das Feuer für Kerzen, Laternen und Freudenfeuer der Feen.
- Frösche und Kröten dienen den Feen als unauffällige Geheimboten.
- Feen haben einen besonderen Bezug zu Vögeln, wie wir Menschen zu Katzen und Hunden. Die Dryaden bringen den Jungvögeln das Singen bei, andere Feenarten füttern sie mit weichen Früchten und toten Insekten. Feen tun alles, um ein heruntergefallenes Nest wieder an seinen Platz zu bringen.
- Weiße Feldmäuse ziehen die prächtigen Kutschen adeliger Feen.
- Mit Spinnennetzen, Knoblauch und Honig werden Verletzungen behandelt. Spinnennetze dienen als Bandage, Knoblauch als Antiseptikum und Honig als lindernder Balsam. In Thymianblätter gewickelt, ergeben diese drei Dinge ein wunderbares Feengeschenk und sichern zukünftigen Wohlstand.

LINKS *Vögel und Feen helfen sich gegenseitig und sind enge Freunde.*

RECHTS *Schlafende Feen dürfen nicht gestört werden, sonst droht Unheil!*

- Vermeiden Sie um jeden Preis den Kontakt mit »Feenstaub« aus unsichtbaren Hagedornbeeren. Er ist ein sehr starkes Schlafmittel.
- Stellen Sie ein »Magic Eye«-Balsam (Magisches-Auge-Balsam) nach dem folgenden uralten Rezept her, um Feen sehen zu können: Waschen Sie ein Glas mit Rosenwasser aus, und stellen Sie es beiseite. Geben Sie dann einen Esslöffel Walnussöl in einen Mörser, fügen Sie eine Prise Salz, eine Handvoll Schlüsselblumen, 3 Malvenblüten, 3 Ringelblumenblüten , 3 Haselkätzchen und einige Zweige wilden Thymian hinzu. Mischen Sie außerdem ein paar Grashalme aus der Mitte eines Feenringes darunter. Zermahlen Sie alles, und füllen Sie das dickflüssige Öl in das Rosenwasserglas. Stellen Sie das Gemisch 3 Tage in die Sonne. Bestreichen Sie anschließend Ihre Stirn über den Augen mit ein wenig Öl.
- Stören Sie niemals ein schlafendes Naturwesen. Unter Umständen schreckt es hoch und verletzt Sie, auch wenn es sich um eine gute Fee handelt.
- Feenkurtisanen sind so winzig, dass sie in Eichelhütchen passen und in Tautropfen ertrinken können. Sie gehören zum Gefolge der Feenkönigin und verzaubern Männer in kleine Frösche, um mit ihnen zu spielen.
- In der Dorfkirche von Frensham, England, aus dem 13. Jhd. steht ein riesiger Kessel von etwa einem Meter Durchmesser. Der Legende nach gehört er den Feen und wurde nie zurückgegeben. Deswegen nahmen die Feen ihm seine Zauberkraft und liehen den Dorfbewohnern nie mehr etwas. Es gibt

viele Geschichten über magische Kessel und andere Dinge, die wir Menschen von den Feen entliehen. Werden diese Gegenstände nicht zurückgegeben, nehmen die Feen ihnen die magischen Eigenschaften oder zerstören sie manchmal sogar. Feen verleihen ihre Sachen gerne, wenn sie sie zurückbekommen. Ansonsten droht Strafe.

- Schlagen oder verletzen Sie niemals einen Weißdorn, den heiligen Baum der Feen. Sollte es sich nicht umgehen lassen, dann bitten Sie immer vorher um ihre Erlaubnis. Weißdorn ist die zentrale Pflanze des Cetshamain-Festes. In Kränze gewunden schmückt er die Haare der Feen. Der Weißdorn symbolisiert Hoffnung und Küsse – Feen verwenden ihn, um zukünftigen Liebespartnern eindeutige Botschaften zu übermitteln. Brennende Weißdornfackeln beleuchten die Tanzplätze auf den Feenlichtungen. Ein alleinstehender Weißdornbaum heißt auch »Feendorn«, da er Aufenthaltsort der Feenkönigin dieses Platzes ist. Es ist ein heiliger Kraftort, an dem Sie Gaben für die Feenkönigin hinterlassen können, in der Hoffnung, dass sie Ihre Wünsche erfüllt.
- Eiche, Esche und Weißdorn sind die drei heiligen Bäume der Feen, die so genannte heilige Baumtriade. Wo diese Bäume zusammenstehen, befindet sich ein Zugang zur Anderswelt, und man kann dort Feen kommen und gehen sehen. Die Eibe ist ebenfalls ein wichtiger Feenbaum, da sie über tausend Jah-

LINKS *Die Pflanzenwelt der Feen ist voller Geheimnisse und Zauberkräfte, die auch uns zugute kommen.*

RECHTS *Feen fühlen sich von einem reinen Geist und einem fröhlichen Herzen angezogen.*

re alt werden kann und ewiges Leben symbolisiert. Zudem schützt sie den Schlaf der Toten.

- Sehr beliebt ist der Fingerhut. Seine Blütenglocken dienen als Hüte oder Kleider für kleinere Feenarten. Fingerhut gibt es in vielen leuchtenden Farben. Seine kräftigen, robusten Blütenblätter machen ihn zum idealen Kleidungsstoff.
- Die Stürme zur Erntezeit am Ende des Sommers werden auch »Winde des Wandels« *(Winds of Change)* genannt, und die Redensart »sich an den Hut tippen« hieß ursprünglich, dass man den magischen Winden einen Gruß an die Feen mitgab.
- Um Feen anzuziehen, sollten Sie ein vierblättriges Kleeblatt in der linken Tasche tragen.
- Feen sind von Natur aus äußerst großzügig. Feengold kann in der Menschenwelt allerdings zu Staub zerfallen, und Geld und Juwelen aus dem Feenland verwandeln sich manchmal in wertlosen Abfall, wenn die Feen verschwunden sind – vor allem wenn sie aus irgendeinem Grund wütend auf Sie sind. Hinterlassen Sie ihnen daher immer ein kleines Geschenk zum Dank, und Sie werden reich belohnt werden.
- Abschließend noch ein Tabu im Umgang mit allen Naturgeistern (außer bei Zwergen): Sie dürfen auf keinen Fall mit Eisen in Berührung kommen, da sie sich daran verbrennen. Tragen Sie daher nie Eisen in irgendeiner Form bei sich, wenn Sie mit Feen in Kontakt treten wollen. Ironischerweise gilt Eisen bei uns als Glücksbringer und wird häufig für Talismane oder Schutzamulette verwendet.

BÖSE GEISTER

OBEN *Böse Wesen werden aus dem Feenland ausgeschlossen. Es bereitet ihnen Vergnügen, anderen zu schaden.*

In diesem Buch habe ich mich bemüht, Feen wegen ihrem guten und positiven Wesen im besten Licht darzustellen. Aber es gibt natürlich auch böse Arten. Hierzu zählen beispielsweise einige Moorgeister und Wichtel, die sich von den Menschen abgewandt haben, jedoch nicht gefährlich sind. Andere Wesen wie die Yarthkins aus Lincolnshire in England besitzen einfach einen bösen Charakter. Die Yarthkins waren sehr klein, hässlich und boshaft. Sie hatten Spaß daran, Menschen zu verletzen und zu schaden, verschwanden jedoch mit der Trockenlegung der Moore in Lincolnshire. Es gibt viele Gründe, warum gute Feen sich in böse verwandeln – ähnlich wie bei uns Menschen. Im Allgemeinen hat die Feenkönigin die Pflicht, bösartige Wesen zur Ordnung zu rufen. Berichten zufolge erhalten sie meist ihre gerechte Strafe. Dennoch schlüpfen manche durch das Netz. Sie leben am Rande des Feenreiches und stiften gerne Unruhe. Von frechen oder schalkhaften Naturwesen unterscheiden sie sich grundlegend, denn sie haben

RECHTS *Böse Feen rauben ein Menschenkind und legen ein Wechselbalg an seine Stelle.*

wirklich Böses im Sinn. Feen sind von Natur aus leicht beleidigt und erwarten einen gewissen Vorschuss an Freundlichkeit von uns Menschen, bevor sie uns helfen. Es kommt daher häufig vor, dass sie zehnmal so ärgerlich reagieren, wie es angemessen wäre. Die Geschichte von Rumpelstilzchen ist ein typisches Beispiel für bösartiges Verhalten, und die 13. Fee in Dornröschen besaß einen schlechten Charakter. Aus Ärger, dass man sie nicht zur Taufe eingeladen hatte, steigerte sie sich in eine völlig unangemessene Wut hinein und wollte der Prinzessin schaden – ein Verhalten, das man heute vielleicht als »heilige Wut« bezeichnen würde.

Wechselbälger sind Feenbabys, die von bösen Feen mit Menschenkindern vertauscht werden, in der Hoffnung, dass die Eltern es nicht bemerken. Sie gelten als hässlich und sehen grotesken alten Wesen ähnlich. Außerdem tun sie sich sehr schwer in unserer Welt. Wenn Sie Ihr Kind für ein Wechselbalg halten, so umsorgen Sie es besonders liebevoll. Die Feenmutter wird Ihnen dankbar sein und alles daransetzen, um die böse Fee zu finden und Ihr leibliches Kind zu Ihnen zurückzubringen.

LINKS *Böse Geister erkennt man leicht an ihrem gemeinen, hinterhältigen Wesen.*

Wesen, die andere verfluchen, sind im Grunde sehr unglücklich. Sie wissen, dass der Fluch immer auf sie zurückfällt. Böse Naturgeister sind von einer dunklen Wolke umgeben, die andere Feen schnell bemerken. Daher leben sie häufig zurückgezogen oder an schwer zugänglichen Orten. Sie versuchen, der Aufmerksamkeit der Feenkönigin und ihrer Strafe zu entgehen.

Auch heutzutage hört man von neuen Feenarten, wie z. B. den Gremlins. Gremlins sind übermütige Luftgeister, die auf die schiefe Bahn gerieten und für schreckliche Flugzeugabstürze sorgen. Ihren Namen erhielten sie von einem britischen Bombergeschwader kurz vor Ausbruch des 2. Weltkrieges, und sie waren den meisten amerikanischen und britischen Piloten bekannt. Später trieben die Gremlins ihr Unwesen nicht mehr ausschließlich im Luftraum, sondern schienen überall aufzutauchen; daher die Redensart »hier war ein Gremlin am Werk«.

Heute scheinen sie sich vor allem auf Fernsehgeräte und Computer zu stürzen. Vielleicht liegt es daran, dass sie ein gesteigertes Vergnügen an negativen Energien haben – angefangen bei schlechten Nachrichten oder ärgerlichen E-mails bis hin zum Internet, einer reichhaltigen Quelle elektrischer Schwingungen, das neben positiven Inhalten auch eine Menge negativer Energien bereithält.

UNTEN *Licht und Liebe garantieren ein Haus voll positiver Feenenergie.*

Am besten können Sie sich vor dem Einfluss böser Geister schützen, indem Sie Ihr Heim immer gut lüften und mit Licht füllen. Dadurch wirken Sie den dunklen, negativen Wolken entgegen, die böse Feen anziehen. Sind Sie verärgert oder aggressiv, so versuchen Sie, diese Gefühle in Fröhlichkeit und Zufriedenheit zu wandeln. Setzen Sie ein breites Lächeln auf, egal wie schlecht Sie sich fühlen. Dem äußeren wird das innere Lächeln folgen! Vielleicht müssen Sie diese Übung mehrmals wiederholen, wenn Sie sehr viel Negativität in sich spüren, doch Sie werden vom Ergebnis überrascht sein. Transformieren Sie Probleme in positive Erfolgserlebnisse, füllen Sie Ihre Tage mit Musik, Licht und Gelächter und Ihre Nächte mit süßen Träumen und liebevollen Gedanken, dann werden Sie von bösen Wesen in Ruhe gelassen und von der Anderswelt gesegnet.

TEIL II

WIE FÄNGT MAN FEEN?

Es liegt nun an Ihnen, ob Sie einen Versuch wagen und eine Fee fangen wollen. Außer dem Wissen über ihre Eigenarten und ihren Wohnort sollten Sie verstehen, wie man mit ihnen kommuniziert. Zunächst einmal müssen Sie lernen, sie wahrzunehmen, sie zu sehen und mit ihnen zu sprechen (was normalerweise erst später gelingt). Auch wenn manche Menschen sich fast augenblicklich auf Feen »einschwingen« können, ist ein tranceähnlicher Zustand äußerst wichtig, um mit Feen in Kontakt zu treten. Wenn Sie die folgenden Kapitel gelesen und sich für ein bestimmtes Wesen entschieden haben, werden Sie vielleicht nach Hause kommen und sich wundern, warum es nicht vor Ihnen steht, obwohl Sie alle Anweisungen

OBEN *Feen können Ihr Leben bereichern und bezaubern.*

RECHTS *Bevor eine Fee zu Ihnen kommt, müssen Sie meist zuerst ihre Welt kennen lernen.*

genau befolgt haben. Nun, einige Wesen, wie z. B. die Nymphen, bevorzugen ihre eigenen Wohnstätten, sie lassen sich ganz einfach nicht gerne einfangen. Richten Sie in diesem Fall besondere Orte der Begegnung in Ihrem Haus ein, z. B. einen Altar, und besuchen Sie sie dort wie einen guten Freund.

Wenn Sie wissen wollen, ob in Ihrem Haus Feen leben, können Sie Folgendes tun: Beruhigen Sie Ihre Gedanken, und schärfen Sie Ihren sechsten Sinn mit einem einfachen Zauberspruch (s. S. 47). In einem meditativen Zustand können wir Feen mühelos hören und sehen. Als Erstes müssen Sie lernen, die bei den meisten Menschen automatisch auftauchenden Gefühle Unglauben, Abwehr und Zweifel zu vertreiben. Keiner möchte als verrückt gelten, doch wenn wir uns in mystischen Gefilden bewegen wollen, müssen wir unsere vorprogrammierten Verteidigungsmechanismen ablegen und uns anderen Bewusstseinsebenen öffnen. Argwohn und Zweifel verschließen uns die mystische Welt und behindern unseren Fortschritt.

Wir alle finden Ausreden, warum wir etwas nicht tun können. Doch wer vorwärtskommen will, muss Grenzen überwinden und Dinge ausprobieren. Es kann sein, dass Sie sich manchmal dumm vorkommen oder die Wirksamkeit eines Rituals bezweifeln. Dies geschieht

LINKS *Zweifeln Sie nie an der Liebe und Zauberkraft der Feen, die uns beschützen.*

bei jedem Lernprozess und ist wie Unkraut in einem blühenden Garten. Wenn Sie das Unkraut ausrupfen oder einfach darüber hinwegsehen, entdecken Sie irgendwann den wunderschönen Garten dahinter. Wer nach »wissenschaftlichen Beweisen« fragt, bevor er weiterforschen will, hat meiner Meinung nach das Wesentlichste nicht verstanden. Finden Sie die Beweise selbst, niemand kann Ihnen dies abnehmen. Ein »Überlebensmechanismus« bringt uns dazu, alles anzuzweifeln, auch wenn es noch so gut präsentiert wird. Es ist jedoch eine Tatsache, dass wir mit Beweisen nicht weiterkommen – wir brauchen Wahrheit, die wir nur durch uns selbst erfahren können. Der rein wissenschaftlich denkende Mensch klammert daher einen beachtlichen Bereich einer anderen Quantenerfahrung aus. Ich empfehle Ihnen stattdessen:

ÖFFNEN SIE SICH!

1. *Stellen Sie Ihr Bedürfnis nach »Beweisen« zurück.*
2. *Seien Sie allen Möglichkeiten gegenüber offen.*
3. *Lassen Sie auch »Unkraut« auf Ihrer Suche zu.*
4. *Akzeptieren Sie Erfahrungen, die Sie nicht erklären können.*
5. *Vertrauen Sie darauf, dass Sie immer beschützt sind.*
6. *Glauben Sie daran, dass alles möglich ist.*

KONTROLLE DER GEDANKEN

Räuchern Sie die Wohnung mit Sandelholz, nachdem Sie sich mithilfe der Liste eingestimmt haben. Legen Sie sich hin, auf Bett, Sofa oder Teppich (evtl. mit einem Kissen unter dem Kopf), und entspannen Sie sich. Ich benutze einen sehr wirkungsvollen Zauberspruch: *»Nyam, yo ho, renge, ko.«* Wiederholen Sie diese Worte in einem beruhigenden Singsang, der schließlich, je mehr Sie sich entspannen, zu einem einzigen Klang zu verschmelzen scheint. Bevor Sie weitergehen, sollten Sie diesen meditativen Zustand erreicht haben. Er ist sehr erfüllend, und man könnte stundenlang weitersingen, auch wenn dies hier nicht unser Ziel ist. Der Singsang verbindet Sie mit einer astralen Kraftquelle, zu der Sie immer Zugang haben, wenn es Ihnen einmal gelungen ist.

Nach etwa einer halben Stunde verschmelzen die einzelnen Töne miteinander. Schließen Sie die Augen, und lassen Sie alle inneren Bilder verschwinden. Vielleicht kommt Ihnen nun alles »dunkel« vor. Nehmen Sie diese Dunkelheit als Leinwand, auf der Sie bald Umrisse erkennen werden. Je entspannter Sie sind, umso deutlicher werden die Bilder, mit denen Ihr sechster Sinn Ihre innere Leinwand füllt. Es hilft nichts, wenn Sie »ihre Augen zusammenkneifen«, um besser zu sehen. Visualisieren hat nichts mit äußerem Sehen gemein. Lassen Sie die Bilder einfach auftauchen, und nehmen Sie sie gewissermaßen mit Ihrem »dritten Auge« wahr. Ähnlich wie bei einer Infrarot-Kamera erscheinen sie Ihnen zunächst vielleicht seltsam und ungewöhnlich.

In diesem Stadium können Sie sich auch den zahlreichen anderen Bereichen mystischer Arbeit zuwenden, z. B. Remote Viewing, Astralreisen, Selbstheilung usw.

Wenn Sie jedoch mit Feen kommunizieren wollen, bleiben Sie am besten in einem meditativen Zustand, während Sie gleichzeitig Ihre körperliche Umgebung bewusst wahrnehmen.

UNTEN *Manchmal erscheinen Feen, wenn man es am wenigsten erwartet.*

Öffnen Sie Ihre Augen. Lassen Sie die Bilder vorbeiziehen, ohne sich auf Einzelheiten zu konzentrieren. An diesem Punkt sehen die meisten Menschen aus den Augenwinkeln Dinge vorüberhuschen und Ähnliches, das erste Anzeichen für die Anwesenheit einer Fee.

Behalten Sie diese neue Art zu sehen in Ihrem Alltagsleben bei. Sie haben nun einen Teil tief in Ihrem Inneren geöffnet, der Sie andersartige Wesen in Ihrer Umgebung wahrnehmen lässt. Die Feen akzeptieren Sie, wenn Sie es auch tun. Als ich Tigire das erste Mal sah (s. S. 83), erschien sein Gesicht so deutlich auf der Badezimmerwand, dass ich zunächst erschrocken wegschaute. Als ich erneut hinblickte, verschmolz sein Gesicht mit einem Schimmelfleck auf der Tapete. Ich entschied, dass Tigire wirklich da war, und schaute ein drittes Mal hin. Wieder konnte ich die Umrisse seines Gesichtes ganz klar erkennen. Je genauer ich hinsah, umso deutlicher wurden sie. Tigire beobachtete mich auch später noch, als ich den Fleck längst entfernt hatte. Mit der Zeit begann ich sein Gesicht auf Steinmauern oder in Cafés zu entdecken. Erneut beschloss ich, meiner Wahrnehmung zu trauen: Tigire schien mir zu folgen. Je mehr ich davon überzeugt war, umso öfter sah ich ihn. Wenn sein Name plötzlich in meinen Gedanken auftauchte, wusste ich, dass eine Fee anwesend war. Skeptiker werden diese Dinge meiner Fantasie zuschreiben. Ich bin jedoch überzeugt, dass sie Realität sind – eine Realität, die ihnen entgeht.

Unser kindlicher Glaube, den wir so schnell wieder verlieren, öffnet uns die Türen zur Anderswelt. Wenn wir ihn wiederfinden, erhalten wir die Schlüssel zu all unseren Sehnsüchten.

UNTEN *Feengesichter kann man in der Natur überall entdecken.*

MIT FEEN KOMMUNIZIEREN

Die geheime Sprache der Orakel und Symbole eignet sich hervorragend, um mit unsichtbaren Wesen in Kontakt zu treten.

Es gibt viele verschiedene Formen der Zukunftsschau, von geschmolzenem Kerzenwachs in einer Tasse mit Wasser bis hin zu einer Schaufel voll Erde, die, auf den Boden geworfen, bestimmte Muster bildet. Bevor Sie irgendwelche geomantischen Versuche starten, sollten Sie jedoch zunächst die Materialien, die getropft oder geworfen werden, durch Gesänge oder Gebete magnetisieren. Segnen Sie außerdem den Untergrund oder das Gefäß, die Sie als Unterlage benutzen, mit Salz- oder Weihwasser.

Geheimsymbole stehen mit der Natur in Verbindung: z. B. das Baumalphabet *Beth-Luis-Nion* oder einfachere Formen, bei denen Zweige oder Blätter auf dem Boden, auf Steinen oder Baumstümpfen angeordnet werden. Einfache, häufig verwendete Symbole sind das »X« (»Unglück«); das doppelte »X« (»Kampf«); der Diamant (»Erfolg«); und die Balkenform »TTT« (»Gefahr«). Zwei horizontale Striche bedeuten »nicht willkommen«, ein horizontaler Strich mit einem Kreuz darüber heißt »hier darf man verweilen«. Diese an der Natur orientierte Kommunikationsform verändert sich ständig. Erfinden Sie anhand dieser Beispiele weitere Symbole, die mit Stöcken oder Blät-

LINKS *Feenmagie ist für jeden leicht erlernbar.*

tern gelegt werden können. Mit zunehmender Übung lernen Sie, die ungewöhnliche Sprache zu benutzen und zu lesen.

Wenn Sie eine Frage haben, dann hinterlassen Sie den Feen eine Botschaft auf einem Stein oder auf dem Boden in Ihrem Garten. Schauen Sie am nächsten Tag nach, ob etwas verändert oder entfernt wurde. Sie können Ihr Glück zusätzlich steigern, indem Sie die Symbole auch in Ihrem Haus verwenden.

GEHEIME SYMBOLE

Der Diamant verheißt »Glück und Erfolg«.

Zwei horizontale Linien bedeuten »Nicht willkommen«.

Drei Ts kündigen »Gefahr« an.

Das X bedeutet »Unglück«.

Das doppelte X bedeutet »Ein Kampf droht.«

X und senkrechter Strich bedeutet »Richtungswechsel«.

BANSHEES (TODESFEEN)

Die meisten *Bean sidhe* (s. S. 12) sind besser bekannt als Banshees. Die berühmten Todesfeen bejammern mit ihren Klageschreien den Tod. Sie leisten uns damit einen großen Dienst: Wer den Schrei einer Banshee hört, akzeptiert das Unvermeidliche eher bzw. wird all seine Kräfte mobilisieren, um zu überleben! Todesfeen sind blass und dünn mit langen weißen oder goldenen Haaren und tiefblauen Augen. Sie sehen wunderschön aus und verkünden den nahen Tod. Wenn jemand im Sterben liegt, kommen sie zum Fenster, und ihre Schreie zeigen die verbleibenden Lebenstage an – drei Schreie bedeuten z. B., dass der Betreffende in drei Tagen stirbt. Schreit die Banshee nur ein einziges Mal, steht der Tod unmittelbar bevor. Todesfeen sollten Sie nicht einfangen, da sie ihre Aufgabe als Todesboten nicht erfüllen können, wenn man sie im Haus festhält.

EINFANGEN EINER BANSHEE

Geben Sie 5 Tropfen Quellwasser, einen Schuss Myrrhenöl und einen Teelöffel Backpulver, in Silberpapier eingewickelt, in eine Glasflasche (mit Stöpsel). Legen Sie die Flasche flach unter einen Busch, und behalten Sie den Stöpsel in der Hand. Feen sind von Natur aus neugierig, und der grabähnliche Geruch von Backpulver und Myrrhe lockt die Banshee an. Sie wird wahrscheinlich versuchen, in die Flasche hineinzuschlüpfen, wo sie sich wie ein kleines Wölkchen auflöst. Nun müssen Sie die Flasche schnell mit dem Stöpsel verschließen, denn sobald die Banshee die Falle entdeckt, wird sie ihr Gefängnis blitzschnell verlassen.

OBEN *Wer den Schrei einer Banshee vernimmt, sollte sie ihrer Aufgabe nachgehen lassen.*

Außerdem wird ihr Gejammer Sie nachts wohl kaum zur Ruhe kommen lassen. Nur wenn Sie sich um die Gesundheit anderer sorgen und deren Heilungschancen überprüfen wollen, rechtfertigt dies den Fang einer Banshee (wovon ich Ihnen allerdings abrate).

RECHTS *Heinzelmännchen halten das Haus gerne sauber, ordentlich und aufgeräumt.*

HEINZELMÄNNCHEN (BROWNIES)

Diese kleinen Wesen, wegen ihrer Vorliebe für Hausarbeit auch Hauswichtel genannt, sind die besten Gefährten. Allerdings können sie auch ärgerlich werden, vor allem wenn sie sich hintergangen fühlen. Heinzelmännchen tanzen gerne in Milch- und Futterschüsseln von Katzen oder Hunden, was Sie an ihren winzigen Fußspuren, die sie um die Schüsseln herum hinterlassen, erkennen können. Da sie von Natur aus sehr wissensdurstig sind, entwenden sie immer wieder kleine Gegenstände, um sie zu erforschen und manchmal auch zu benutzen. Begeistert holen sie sich Nadeln, Nägel und alles, was klein und glänzend ist, und verstecken es so lange, bis Sie es ausdrücklich von ihnen zurückfordern. Ihre Haut ist hell bis dunkelbraun, gelegentlich auch bläulichviolett. Sie werden nur knapp einen Meter groß, haben blassblaue Augen, dickes, zotteliges, braunes Haar, feine Gesichts-

EIN HEINZELMÄNNCHEN FANGEN

In alten Häusern leben häufig Heinzelmännchen, besonders wenn sie immer sauber, ordentlich und aufgeräumt erscheinen. Mithilfe dieser uralten Anleitung können Sie einen Wichtel einfangen. Suchen Sie sich drei Haselnussstöcke, und schälen Sie die Rinde ab. Ritzen Sie in den ersten Stock Ihren Namen, in den zweiten den Namen des Heinzelmännchens und in den dritten einen fünfzackigen Stern. Vergraben Sie die Stöcke anschließend in der Nähe eines Friedhofes, vorzugsweise unter einer Eibe. Nach genau einer Woche können Sie sie wieder ausgraben und zu Hause an einem sicheren Ort aufbewahren. Rufen Sie den Wichtel, wann immer Sie wollen, er wird Ihnen bestimmt antworten. Lassen Sie ihn in Ruhe, dann haben Sie bald einen treuen und fürsorglichen Freund.

züge und große, spitz zulaufende Ohren. Ihre Flügel sind klein und pinselförmig. Häufig sieht man sie mit irgendwelchen Gegenständen durchs Haus flitzen. Im Allgemeinen kümmern sich Heinzelmännchen nur wenig um Kleider; wenn überhaupt tragen sie zerrissene Lumpen, meistens ziehen sie jedoch gar nichts an. Wenn sie anständige Kleider geschenkt bekommen, verschwinden sie sofort. Dabei ist unklar, ob das Geschenk sie beleidigt, weil sie lieber in Lumpen leben, oder ob sie sich freuen, endlich gut angezogen zu sein, und deswegen weiterziehen!

DRYADEN UND HAMADRYADEN

In jedem Baum, Busch oder Dickicht wohnt eine weibliche Dryade zusammen mit einer Hamadryade. Dryaden sind eine Nymphenart (s. S. 102). Sie können auch getrennt von ihren hölzernen Gastgebern leben. Die Druiden suchten häufig Rat und Inspiration bei diesen uralten Schutzgeistern der Bäume. Hamadryaden nennt man die Lebensgeister des Baumes. Sie werden mit der Aussaat des Baumes geboren und sterben, wenn der Baum stirbt. Die Dryaden beschützen sie. Bevor Sie einen Teil eines Baumes entfernen – Äste, Rinde, Blätter, Früchte oder Blüten –, sollten Sie immer zuerst mit Dryade und Hamadryade sprechen. Der Baum ist dann vorbereitet und kann den entsprechenden Teil mit magischen Kräften anreichern, die Ihnen zugute kommen. Anschließend sollten Sie in jedem Fall ein Geschenk als Gegenleistung und zum Zeichen Ihrer Dankbarkeit hinterlassen.

EINFANGEN EINER DRYADE/ HAMADRYADE

Pflanzen Sie einen Baum in Ihrem Garten oder an einem geheimen Ort. Sobald er Wurzeln schlägt, erwacht die Hamadryade zum Leben. Lernen Sie ihre Eigenarten und Erscheinungsform kennen, indem Sie den Baum regelmäßig besuchen, mit seinem Geist reden und kleine Geschenke hinterlassen. Wenn Sie einen Baum umarmen, umarmen Sie gleichzeitig seine Hamadryade. Die Energie und der innere Frieden durch diese simple Handlung wiegen alle anfänglichen Selbstzweifel auf. Stirbt der Baum, wechselt die Hamadryade in die Anderswelt, während seine hölzernen Überreste in den Schoß von Mutter Erde zurückkehren. Wenn Sie Ihrer Hamadryade mit Liebe begegnen, wird sie Ihre Liebe erwidern.

RECHTS *Aus den Augenwinkeln können Sie Dryaden am besten wahrnehmen.*

ZWERGE

RECHTS *Zwerge lieben Ziegen als bequeme Reittiere!*

Zwergenmänner sind sehr klein und dunkelhäutig und werden häufig in der altnordischen Mythologie erwähnt. Ihre Größe schwankt zwischen fünf und 60 Zentimetern. Sie haben große Köpfe, hutzlige Gesichter, einen Buckel und lange Bärte. Außerdem werden sie steinalt, und ihre Füße sehen häufig wie Ziegenhufe aus (auch wenn sie ganz normale Beine besitzen). Statt der sonst von den meisten kleinen Feenarten bevorzugten Libellen, Schmetterlinge und Vögel reiten sie lieber auf Ziegen. Sie arbeiten mit magischen Metallen, insbesondere mit Gold, Silber, Bronze und Kupfer. Ihre Handwerkskunst wird in zahlreichen Geschichten gerühmt, vor allem in Verbindung mit magischen Gegenständen, Waffen, Schmuck und Schutzamuletten. Es ist schwierig, sie zu fangen, da sie sich unsichtbar machen und plötzlich auftauchen und wieder verschwinden können.

EINFANGEN EINES ZWERGES

Graben Sie in der Nähe von Bäumen oder Büschen ein kleines Loch in die Erde. Schreiben Sie mit goldener Tinte Ihren Namen auf ein schwarzes Papier, darunter Ihr Problem oder Ihre Frage, bei der Sie sich Hilfe erwünschen. Legen Sie das gefaltete Papier in das Loch und einen roten Apfel darüber. Bedecken Sie das Ganze mit Erde, ohne Spuren Ihrer Arbeit zu hinterlassen. Halten Sie zu Hause Ausschau nach Ihrem Gast oder einer Antwort auf Ihr Problem. Sie werden magische Veränderungen sofort bemerken.

Äpfel sind Früchte der Andeswelt mit magischer Kraft.

Außerdem sind sie in der Lage, ihre Gestalt zu ändern, wenn sie in die Enge getrieben werden. Zwergenmänner tragen im Allgemeinen schwarze, braune oder graue Kleider, um mit der Umgebung zu verschmelzen. Frauen bevorzugen weiße, goldene und silberne Gewänder als Ausdruck ihrer Freude an Licht und Sonne. Männliche Zwerge hausen in Gruppen hauptsächlich an dunklen, geheimen Plätzen in den Bergen oder in Höhlen. Jede Gruppe wird von einem König und einem Stammeschef, der die großen Armeen der Krieger kontrolliert, angeführt.

LINKS *Zwerge sind Hüter von geheimem Wissen, das sie bereitwillig weitergeben.*

Der König regiert sein Volk, der Stammeschef ist für die Verteidigung und die Ahndung von Ordnungswidrigkeiten verantwortlich, außerdem bewacht er die wertvollen Metalle und Edelsteine in den riesigen unterirdischen Höhlen. Erstaunlicherweise sind Zwerge meist männlich. Weibliche Zwerge werden ausnahmslos so beschrieben, als gehörten sie einer anderen Feenart an. Die meisten Zwergenfrauen sind zwischen acht und 90 Zentimeter groß, außergewöhnlich hübsch, blond und hellhäutig, in direktem Gegensatz zu ihren dunkleren Gefährten. Außerdem sehen sie viel jünger aus. Ein weiterer Unterschied besteht darin, dass die Männer im Sonnenlicht zu Stein erstarren und daher nur nachts ins Freie können, während Frauen paradoxerweise in der Sonne aufblühen und häufig bei Tag zu sehen sind. Wahrscheinlich leben darum auch mehr männliche als weibliche Zwerge in dunklen,

RECHTS *Zwerge sind eine Bereicherung für jeden Haushalt – allerdings nur, wenn sie die Bewohner mögen.*

feuchten Höhlen. Zwerge gelten als außergewöhnlich weise und verfügen über geheimes Wissen. Sie können die Zukunft sehr genau voraussagen und interessieren sich besonders für die Lebensweise der modernen Menschen, z. B. für Themen wie Ernährung oder Umweltverschmutzung. Zwerge halten falsche Ernährung für die Ursache, dass Menschen so früh sterben. Sie sind eine ständige Quelle von Weisheit für Menschen, die sie mögen, und helfen, wo sie können. Daher sind sie gern gesehene Gäste. Weil sie geheimes Zauberwissen in Form von Sprüchen, Runen und Liedern weitergeben, sind Zwerge eine Bereicherung für jeden Haushalt, sie helfen allerdings nur, wenn sie die Bewohner wirklich mögen. Wenn Sie Zwerge mit Liebe und Respekt behandeln, werden sie Ihre Freundlichkeit erwidern und Sie mit unschätzbar wertvollen Geschenken belohnen.

RECHTS *Elfen belohnen Freundlichkeit mit Reichtum und Glück.*

ELFEN

Elfen sind schelmische, grünfarbige kleine Wesen. Ihre Lieblingsbeschäftigungen sind Jagen, Reiten und auf Menschen Schießen. Elfen beschützen Hirsche und Rehe. Braun, Rot und Grün sind ihre Lieblingsfarben. Sie erreichen normalerweise eine Größe von einem knappen Meter und sind zauberhafte Wesen mit kurzen, dicken Stupsnasen, dickem rotem Haar und stechenden braunen Augen. Elfen werden auch Pixies, Piskies oder Kobolde genannt. Es gibt zwei Arten: Dunkelelfen und Lichtelfen. Dunkelelfen leben am liebsten unter der Erde, z. B. in unterirdischen Höhlen, tief unter Berghügeln und Hügelgräbern, in Abflussrohren und Kellern. Sie bleiben unter sich und kommen nur nachts freiwillig ins Freie. Lichtelfen hingegen leben oberirdisch, in Wäldern, Hainen, Burgruinen und verlassenen Häusern. Sie mögen die Menschen. Beide Arten sind bekannt für ihren trocke-

EINFANGEN EINES ELFS

Basteln oder kaufen Sie ein kleines Holzinstrument, z. B. eine kleine Flöte. Gehen Sie damit zu einem Elfenplatz auf einem Berg, im Wald oder bei einer Ruine. Blasen Sie dreimal hinein, und sagen Sie: »Elfe, Elfe, Elfe, ich danke dir, komm zu mir.« Drehen Sie sich einmal gegen den Uhrzeigersinn herum. Blasen Sie erneut dreimal in Ihr Instrument, und sagen Sie: »Elfe, Elfe, Elfe, ich brauche deine Hilfe.« Drehen Sie sich nun zweimal gegen den Uhrzeigersinn. Blasen Sie wieder dreimal, und sagen Sie: » Elfe, Elfe, Elfe, es ist vollbracht, zu Staub gemacht.« Drehen Sie sich dreimal, und sagen Sie: »Sei gesegnet!« Brechen Sie das Instrument abschließend in zwei Teile, und lassen Sie eine Hälfte zurück. Die andere nehmen Sie mit nach Hause, dann wird Ihr Elfenfreund Ihnen bald nachfolgen.

nen Humor. Die fleißigen Lichtelfen helfen den Menschen bei allen schweren Arbeiten im und ums Haus herum. Moderne Elfen haben eine Vorliebe für Garagen und sind bekannt dafür, angefangene oder liegengebliebene Aufgaben zu Ende zu bringen, vor allem wenn Sie etwas länger als eine Woche vor sich herschieben oder für eine Weile unterwegs sind. Dunkelelfen bleiben lieber unter Tage und denken sich Streiche aus, während sie winzige, unangenehme Waffen schmieden.

LINKS *Elfen arbeiten am liebsten nachts, wenn sie nicht gestört werden.*

Sind sie zu lange alleine und ohne Ansprache, kommen sie allerdings auf dumme Gedanken.

Hauptsitz der Dunkelelfen soll ein verzauberter Hügel namens Pudding Pie Hill in Yorkshire, England, sein. Durch seine kleinen Bewohner wurde er zum Leben erweckt und gilt als idealer Platz, wenn man ihnen begegnen möchte.

Beide Elfenarten können menschliche Gefühle sehr gut erspüren. Fühlen sie Angst oder Nervosität bei Ihnen, werden sie wahrscheinlich versuchen, Sie auszutricksen. Starke Gerüche, wie z. B. Aftershave, mögen sie überhaupt nicht! Machen Sie den Elfen kleine Geschenke, um ihnen zu gefallen und ihr Wohlwollen zu erwerben. Mit einem Ei zeigen Sie allen Feenarten z. B., dass sie in Ihrem Haus niemals Hunger leiden müssen. Sie können auch drei rote Wollstränge zu einem Zopf flechten und einen Elfenflintstein über Ihre Haustür hängen, um sie anzuziehen.

DIE ZEICHENSPRACHE DER ELFEN

Elfenlocken: *Knoten in Ihrem Haar oder im Fell Ihrer Tier deuten auf die nächtlichen Spiele der Elfen hin. Um sich davor zu schützen, schmücken Sie einen Birkenzweig mit roten, schwarzen und weißen Bändern und legen ihn unter Ihr Kissen bzw. in die Nähe des Schlafplatzes Ihrer Tiere.*

Elfenpfeile: *Diese winzigen Flintsteinwaffen der Dunkelelfen findet man häufig in Wald und Wiesen verstreut. Wenn Sie von einem Elfenpfeil getroffen wurden, hilft folgendes Heilmittel: Baden Sie in Wasser, in dem über Nacht ein Elfenpfeil und eine Zitronenscheibe eingeweicht wurden.*

Elfengeschoss: *Die ebenfalls von den Dunkelelfen hergestellten Wurfgeschosse sind viel kleiner als Elfenpfeile und haben vergiftete Spitzen. Sie verkaufen sie an andere Naturwesen als Waffen, um Krankheiten zu verbreiten. Wenn Sie von einem Elfengeschoss verletzt wurden, sollten Sie bei den geringsten Krankheitsanzeichen einen Arzt aufsuchen. Können Sie keine äußeren Symptome feststellen, fühlen sich aber trotzdem »getroffen«, wirkt ein Bad in warmem Wasser mit einem Esslöffel naturbelassener Salzkristalle Wunder.*

Elfenmale: *Auffallende oder besondere Muttermale gelten als Zeichen des Elfenvolkes und deuten u. U. auf Ihre elfenhafte Abstammung hin.*

Elfenhörner: *kleine Instrumente aus Holz oder Knochen, mit denen die Elfen sich rufen und musizieren.*

FAIRSHEES (FAIR SIDHE)

Fairshees sind kleine, außergewöhnlich gut aussehende männliche Wesen, die in Bergen und Hügeln leben. Sie sind so schön, dass es nahezu unmöglich ist, sich nicht in sie zu verlieben. Den Menschen erscheinen sie meistens im Schlaf. Sie nehmen alle möglichen Formen, Größen oder Farben an, von Natur aus sind sie jedoch relativ klein (etwa 1,5 Meter) und besitzen feine Gesichtszüge. Frauen lieben und begehren sie, und sie können sehr unterhaltsam sein. Sie erscheinen häufig in Träumen und geben Rat bei Problemen. Allerdings sollten Sie auf Enttäuschungen gefasst sein, da Fairshees sich an niemanden binden. Wenn Sie sich verliebt haben, werden Sie mit Sicherheit wieder verlassen und sollten aufpassen, dass die Sehnsucht Sie nicht verzehrt. Die meisten Frauen wollen einen Fairshee einfangen, was bei diesen äußerst widersprüchlichen Wesen allerdings sehr schwierig ist. Die einzige Chance besteht darin, so zu tun, als wollte man sie gar nicht einfangen – ein fast unmögliches Unterfangen für jemanden, der unter ihrem Zauber steht. Eine meiner Freundinnen verliebte sich unsterblich in einen Fairshee. Eine Zeitlang fühlte sie sich wundervoll, doch als ihre Gefühle stärker wurden, erschien ihr Geliebter immer seltener und verschwand schließlich ganz. Mit unserer Hilfe bekam sie ihr Leben nach einiger Zeit wieder in den Griff und ging wieder unter Menschen. Seltsamerweise tauchte der Fairshee daraufhin wieder auf, wenn auch nur zeitweise. Dieses Mal wusste sie es besser und versuchte nicht, ihn zu halten, woraufhin er sie immer häufiger besuchte und dies bis heute tut. Mittlerweile akzeptiert sie seine überraschenden nächtlichen Besuche und genießt seine Anwesenheit. Sie akzeptiert, dass er wieder geht,

OBEN *Fairshees gehören zu den bestaussehendsten Wesen des Feenvolkes.*

ohne zu erwarten, dass er bei ihr bleibt. Er scheint dies zu wissen, was ihn erstaunlicherweise dazu bewegt, seine Besuche auszudehnen.

Fairshees haben ein beneidenswertes Zaubermittel: Feen-Schlaftrank. Er wird aus besonderen Hagedornfrüchten gemacht, die nur bei Mondaufgang, das Gesicht gen Osten gerichtet, in ihrem natürlichen Umfeld sichtbar sind,

EINFANGEN EINES FAIRSHEES

Um einen Fairshee einzufangen, müssen Sie ihn zunächst ignorieren. Er wird Ihnen im Traum erscheinen, wenn Sie es am wenigsten erwarten. Es kann sein, dass Sie tagelang an ihn denken und nichts passiert. Doch genau dann, wenn Sie aufhören, an ihn zu denken, wird er Sie besuchen.

Hier noch ein besonderer Tipp: Tragen Sie vor dem Einschlafen einen dünnen Thymiankranz um den Hals, wenn Sie ihm begegnen wollen. Außerdem können Sie vor dem Zubettgehen ein paar Strohhalme in der rechten Hand halten. Wollen Sie ihn wegschicken, nehmen Sie statt dessen ein Büschel Eisenkraut. Sie können sicher sein, dass er die Bedeutung Ihrer geheimen Botschaften kennt. Wenn Sie von ihm geträumt haben, versuchen Sie, sein Bild tagsüber lebendig zu erhalten. Rufen Sie sich alle Einzelheiten des Traumes bewusst in Erinnerung, und vertrauen Sie beim Einschlafen darauf, dass Sie ihn wiedersehen werden. Wenn Sie dies zu einer Gewohnheit machen, wird der Fairshee immer häufiger erscheinen und Sie regelmäßig in Ihren Träumen besuchen. Üben Sie niemals Druck auf ihn aus, dann bleibt er für immer bei Ihnen!

LINKS *Thymian ist ein bekanntes Zauberkraut und wegen seiner anziehenden Wirkung auf Naturwesen geschätzt.*

und ist sehr heilig. Sollten Sie je das Glück besitzen, einem Fairshee zu begegnen, hat er Sie bestimmt mit diesem Zaubermittel bestäubt! Umgeben von einem zarten Lichtschein beleuchtet ein Zug kleiner Glühwürmchen den Weg auf seinen nächtlichen Ausflügen. Der Fairshee gehört zu den adeligen Naturwesen und besitzt ein einnehmendes und extravagantes Wesen. In seiner Gesellschaft sollten Sie auf Überraschungen gefasst sein – es kann passieren, dass Sie plötzlich winzig klein sind und in einer goldenen Kutsche mit wilden Mäusen »entführt« werden!

Im Allgemeinen erscheinen Fairshees nachts. Sie können sie auf unterschiedliche Weise anziehen. Achten Sie darauf, dass Ihr Bett in Ost-West-Richtung (Kopfende im Osten, Fußende im Westen) steht, damit der Feenmann Sie sofort bei Sonnenuntergang sieht. Außerdem sollten Sie Ihre Matratze nie freitags, samstags oder sonntags lüften oder wenden, da er diese Tage für Besuche bevorzugt. Ein gewendetes Bett erweckt einen »leeren« Eindruck – und Ihr Fairshee verschwindet wieder.

RECHTS *Eisenkraut übermittelt dem Fairshee die klare Botschaft, dass seine Anwesenheit nicht erwünscht ist.*

RECHTS *Musiker profitieren von der Anwesenheit der Fenshees.*

MOORGEISTER (FEN SIDHE, FENSHEES)

Fenshees sind eine Fairshee-Art, die in weitläufigen Sumpfgebieten lebt. Sie sind exzellente Musiker, und zu ihren Lieblingsinstrumenten zählen Panflöten und Trommeln. Vor Menschen verstecken sie sich in den undurchdringlichen Nebelschwaden der Moore. Wer sich dort verirrt und ihre Musik vernimmt, sollte ihr folgen. Manche irrten tagelang herum und verloren nur durch die betörenden Klänge der Panflöten und Trommeln den Mut nicht. Moorgeister sind meist kleinwüchsig (etwa 1,5 Meter groß), mit feinen Gesichtszügen, sehen jedoch ziemlich wild aus. Ihr langes, drahtiges, oft zu einem Pferdeschwanz gebundenes Haar besitzt unterschiedliche Farbtöne, von Weiß über diverse Blondstufen und Gelb bis hin zu Braun. Sie tragen meistens einen Schnurrbart oder Bart bzw. beides. Am liebsten kleiden sie sich in eng anliegende

EINFANGEN EINES FENSHEE

Gehen Sie mit einem Freund oder einer Freundin, da das Ritual die ganze Nacht dauern kann und Sie vielleicht Gesellschaft brauchen. Gestalten Sie am Rande eines Moorgebietes einen Feenring aus 13 weißen Steinen, und setzen Sie sich mit einem beliebigen Musikinstrument in die Mitte. Zünden Sie eine silberne Kerze an, und spielen Sie leise und sanft auf Ihrem Instrument. Wenn der Fenshee erscheint, so entfernen Sie einen Stein, der ihm am nächsten liegt, damit er den Ring betreten kann. Schauen Sie ihm niemals direkt in die Augen, um ihn nicht zu verunsichern oder zu ängstigen. Spielen Sie bis zum Sonnenaufgang. Der Moorgeist wird bis dahin in Ihr Instrument geschlüpft sein und Ihnen Anerkennung als Musiker, Dichter oder Sänger bringen.

gerade Hosen, weite Hemden und Westen, oft sieht man sie auch mit roten Schals oder Halstüchern. Fenshees haben knochige, durchscheinende Flügel, die zusammengefaltet bis zum Boden reichen und geöffnet weit über ihre Köpfe hinausragen. Sie haben immer zahlreiche Instrumente umhängen, Flöten, lautenähnliche Gitarren auf dem Rücken, Becken, Triangeln, Trommeln usw.

FEUERGEISTER

RECHTS *Portunes und Feuergeister leben häufig in Strohhalmen.*

Feuergeister nennt man die kleinen Geschwister der Salamander. Sie werden häufig mit Wiskies (s. S. 126) verwechselt, auch wenn Feuergeister rot sind, Wiskies dagegen schwarz und kleiner. Manchmal hält man sie auch für Portunes, etwa drei Millimeter kleine Naturwesen, die wie uralte menschliche Miniaturausgaben aussehen. Feuergeister ähneln Menschen mit langen, schmalen, durchsichtigen Flügeln und sind ebenfalls nur etwa drei Millimeter groß. Im Allgemeinen findet man sie draußen in der Nähe von Lagerfeuern, Vulkanen und heißen Quellen. Selten sind sie alleine, sondern leben in Gruppen von Hunderten und tun alles gemeinsam. Man sieht sie über den Flammen schweben, wild tanzend und singend, während sie sich an der metaphysischen Kraft des Feuerrauchs (oder anderer heißer Dämpfe) laben.

EINFANGEN EINES FEUERGEISTES

Die beste Zeit, einen Feuergeist zu fangen, ist zwischen Samhuin (31. Oktober) und dem Feuerfest am 5. November. Entzünden Sie ein Lagerfeuer an einem sicheren Ort, und werfen Sie zu gleichen Teilen getrocknete Schlüsselblumen, Lorbeerblätter und Myrtenblätter hinein. Halten Sie ein Metallsieb übers Feuer, während die Kräuter verbrennen, und legen Sie es schnell mit der Öffnung nach unten auf die Erde, damit die Feuergeister nicht entweichen. Nun können Sie drei Wünsche aussprechen. Heben Sie das Sieb anschließend, und lassen Sie die Wesen wieder frei. Sie werden davonfliegen und Ihre Wünsche erfüllen.

RECHTS *Die wunderschönen Blumendevas finden sich in jedem Blumengarten.*

BLUMENDEVAS

Die zarten Wesen sind der Geist einer Blume und ähneln in Farbe und Aussehen den Blumen, zu denen sie gehören. Blumendevas sind entfernte Verwandte der Dryaden, sehr klein und ätherisch, mit langen, zarten und wunderschön gefärbten Flügeln, die ungewöhnlich kräftig sind. Sie sprechen eine unbekannte Sprache und zittern bei Erregung am ganzen Leib. Zur Fortbewegung benutzen sie Libellen und Schmetterlinge, allerdings entfernen sie sich nie weit von ihrem Blumenheim. Blumendevas bringen Unbeschwertheit in Ihr Leben und tun besonders Genesenden gut. Behandeln Sie sie immer mit großer Sorgfalt und Achtsamkeit – fahren Sie mit Ihrer Arbeit fort, wenn Sie sie bemerken, und verschonen Sie sie mit lauten Geräuschen. Wenn Sie dies beachten, werden Ihre Wünsche bestimmt in Erfüllung gehen.

EINFANGEN EINES BLUMENDEVA

Entscheiden Sie sich als Erstes für einen bestimmten Blumendeva. Graben Sie die entsprechende Pflanze anschließend im Garten aus, oder kaufen Sie sie in einem Gartencenter. Pflanzen Sie sie in einen geräumigen Topf, und gießen Sie sie regelmäßig. Sie sollte nicht direktem Sonnenlicht ausgesetzt sein. Legen Sie einen geflochtenen Rautenkranz um den Rand des Blumentopfes, und sprechen Sie regelmäßig mit der Pflanze. Mit der Zeit wird es Ihnen vorkommen, als würde Sie jemand beobachten. Je mehr Sie sich um die Pflanze kümmern, umso deutlicher werden Sie den Deva erkennen. Hinterlassen Sie ab und zu kleine, unerwartete Geschenke innerhalb des Rautenkranzes. Sprechen Sie den Deva direkt an, wenn Sie ihn um einen Gefallen oder die Erfüllung eines Wunsches bitten.

Riesen

Riesen sind sehr alte, halb menschliche, halb feenhafte Wesen, die sich mit gutem Grund aus unserer Welt in die Sicherheit der Märchen zurückgezogen haben. In der Bibel und anderen Überlieferungen werden sie trotz ihres Furcht einflößenden Äußeren als »Söhne des Himmels« an der Seite Gottes bezeichnet. Ursprünglich wurden sie als groß, stark und gut aussehend beschrieben und als Verkörperung der Natur in Menschengestalt angesehen. Die gutmütigen, manchmal etwas begriffsstutzigen Gesellen vergnügten sich mit Kraftproben und Ähnlichem, um ihre Fähigkeiten zu testen, und maßen ihre immense körperliche Stärke aneinander. Noch heute sieht man mächtige Steinblöcke und Felsen, die von Riesen willkürlich auf der Erde zurückgelassen wurden. Die alten Ägypter, Griechen und Römer hinterließen uns zahlreiche Darstellungen von Riesen in Form von Skulpturen und Monumenten. Der Koloss von Rhodos und die faszinierenden Statuen der Pharaonen spiegeln die große Bedeutung der riesigen Wesen. Der römische Kaiser Maximus soll sehr groß gewesen sein (etwa 2,75 Meter) – unter Umständen ein Hinweis auf seine Abstammung von Riesen. Die Geschichte der Riesen ist ziemlich traurig. Da sie weder zu den Menschen noch zu den Feen gehörten, wurden sie von beiden Welten zurückgewiesen. Ausgelacht von den Feen und angegriffen von den Menschen, waren sie gezwungen, sich zu wehren, und galten fortan als Furcht erregende, übellaunige Monster. Schließlich zogen die meisten es vor, auszusterben und gewaltige Naturerscheinungen wie Vulkane, Gebirge und große Seen zu beseelen, wo sie ihren Frieden fanden. Überlebende Riesen in unserer Zeit sind kleiner und menschenähnlicher. Ihr ursprünglicher Heldenmut und ihre Stärke blieben jedoch als magische

OBEN *Riesen fanden ein trauriges Ende, doch wenn man sie braucht, begegnet man ihnen immer noch.*

Kraft tief in ihrem Innern erhalten. Äußerlich unterscheiden sie sich nicht von anderen Menschen, doch ihre Taten sprechen für sich. Wenn Sie das Wesen eines Riesen einfangen können, erweitert dies Ihr Bewusstsein und öffnet Ihnen den Zugang zu einer neuen, bereichernden Lebensweise.

Alle Naturwesen, vor allem aber Riesen, lieben Schweine. Schweine mögen Musik und sind äußerst intel-

RECHTS *Berge beherbergen häufig das Wesen schlafender Riesen.*

EINFANGEN EINES RIESEN

Die edle Gesinnung ist die Essenz eines Riesen. Heute findet man sie nur an seinen Ruheplätzen, z. B. in Bergen und unberührter Natur. Wenn Sie einen Riesen fangen wollen, sollten Sie sich bewusst sein, dass Sie sein Wesen einfangen und seine sanfte Weisheit von nun an in all Ihre Handlungen einfließt. Als Erstes müssen Sie einen Gegenstand finden, der Ihnen die Anwesenheit eines Riesen anzeigt. Schneiden Sie einen Brotlaib in zwei Hälften. Bohren Sie ein kleines Loch in die Mitte, und stecken Sie eine weiße Kerze hinein, so dass das Brot als Kerzenhalter dient und die Kerze aufrecht, ohne Unterstützung, in seiner Mitte steckt. Die Kerze symbolisiert das Feuer, die Kraft der Seele, das Brot das Gebende, den Körper. Suchen Sie nun einen unberührten Platz in der Natur auf, z. B. einen Berg oder Vulkan. Stecken Sie die Kerze am Fuße des Berges in den Halter, und zünden Sie sie an. Erlischt die Flamme durch natürliche Einflüsse, dann ist der Ort nicht von Riesen bewohnt. Brennt die Kerze gleichmäßig, sind Sie richtig. Umrunden Sie die Kerze neunmal im Uhrzeigersinn und in Richtung der Sonne, und wiederholen Sie währenddessen die Worte: »Riese hier, öffne die Tür.« Berühren Sie anschließend die Erde mit Ihren Händen, und laden Sie den Riesen in Gedanken ein, Ihr Leben mit Zuversicht und seinem guten Geist zu füllen. Löschen Sie dann die Kerze, und stellen Sie sich dabei vor, wie sein Wesen sein steiniges Zuhause verlässt und in die Geborgenheit und Wärme Ihres Lebens einzieht. Von nun an wird sein Geist Sie begleiten.

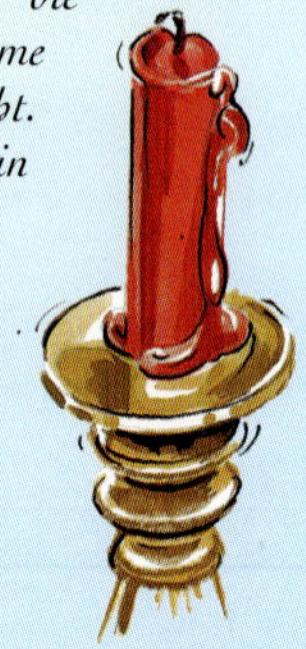

RECHTS *Die Kerze zieht den Geist des Riesen an.*

ligent – von Natur aus sind sie ebenso gutmütig wie Riesen und haben es gerne, wenn man sich um sie kümmert.

Schweine können die geheimnisvollen Botschaften des Windes verstehen. Ein drohendes Unwetter kündigen sie in der Regel durch ihre Unruhe oder ihr Quieken an. Fügen Sie daher niemals einem Schwein Schaden zu, sonst verärgern sie die Riesen.

GNOME

RECHTS *Gnome sind hervorragende Putzhilfen, bleiben allerdings am liebsten unter sich.*

Gnome sind Elementarwesen und nahe Verwandte von Zwergen und Leprechauns, entfernter verwandt mit Trollen und Hobgoblins. Sie behüten die Schätze der Erde. Die Männer und Frauen des kleinen, freundlichen Volkes haben auffallende weiße Augen mit senkrechten schwarzen Pupillen. Ihre Augen, die aus der Tiefe ihrer pausbäckigen Gesichter und unter ihrem dicken, staubigen Wuschelhaar hervorleuchten, bemerkt man im Allgemeinen als Erstes. Sie leben am liebsten unter der Erde und werden etwa vier Zentimeter groß, können jedoch bei Gefahr zu unvorstellbarer Größe anwachsen. Menschliche Gesellschaft meiden sie. Sie sind sehr scheu, im Gegensatz zu den Zwergen jedoch die zuverlässigsten Helfer. Sie müssen sie allerdings gut behandeln, da sie ihre bösartige Seite zeigen, wenn sie sich hintergangen fühlen. Gnome haben keine Probleme mit Hierarchien oder sozialen Strukturen. Sie begegnen jedem mit der gleichen ruhigen und gerechten Art. Laute Geräusche (mit Ausnahme von Musik) mögen sie überhaupt nicht, und ihr ausgeglichenes Wesen verbreitet Ruhe und Frieden in ihrer Umgebung. Das Läuten von Kirchturmglocken und Maschinengeräusche können sie allerdings sehr aufregen. Männer und Frauen tragen am liebsten grüne Kleidung und sind besonders stolz auf ihre kleinen roten Hüte mit leuchtend gelben oder weißen Federn. Außerdem mögen sie große, geschnürte Nagelschuhe. Weibliche Gnome tragen Hunderte von Unterröcken, deren graue, staubige und zerrissene Schnürbänder hinter ihnen herschleifen. Auch wenn sie sich nicht sonderlich um ihre Hygiene kümmern, räumen sie liebend gerne die Häuser der Menschen auf und sind daher eine große Bereicherung für jeden Haushalt.

UNTEN *Ihre eigene Unordnung stört die Gnome wenig, den Menschen helfen sie bereitwillig beim Aufräumen!*

EINFANGEN EINES GNOMS

Eines Tages tauchte an meiner Badezimmerwand urplötzlich eine Gnomengruppe auf. Ihr Anführer heißt Tigire. Er kommt und geht, wie es ihm passt, allerdings erscheint er immer, wenn ich ihn rufe. Als ich ihn das erste Mal sah, erschrak ich über sein wildes Aussehen. Seine Augen waren weiß mit tiefschwarzen, geschlitzten Pupillen, doch als ich ihn näher kennen lernte und er mir seinen Namen nannte (ich fragte ihn laut, und die Antwort schoss mir unverzüglich durch den Kopf), begriff ich, was für einen lieben und weisen Freund ich in ihm gefunden hatte. (Es dauerte allerdings ungefähr eine Woche, bis er sich bequemte, meine Fragen überhaupt anzuhören!) Später brachte Tigire eine Gruppe anderer kleiner Wesen mit. Ich sehe sie oft an den Wänden des Badezimmers. Manchmal jagen sie sich gegenseitig und spielen Bockspringen. Auch Sie können Tigire rufen, vielleicht taucht er ja in Ihrem Badezimmer auf. Andernfalls empfehle ich Ihnen, feuchte und besonders schimmlige Orte in Ihrem Haus sehr genau zu untersuchen. Gnome kommunizieren häufig über bestimmte Schimmelmuster mit uns Menschen. Wenn Sie die Umrisse eines Gesichtes oder eines Körpers entdecken, so vertiefen Sie sich immer wieder hinein, bis der Gnom Ihnen eines Tages zuwinkt oder sogar von der Wand steigt und vor Ihnen steht. Falls nötig, können Sie selbst etwas Schimmel mithilfe von feuchtem Brot züchten und warten, ob sich etwas tut. Die meisten Feenarten mögen kein Eisen, weil sie sich daran verbrennen. Unterirdisch lebende Wesen wie Gnome und Zwerge hingegen arbeiten häufig mit diesem Metall und sind immun dagegen. Da Eisen uns Menschen Glück bringt, können Sie es also problemlos verwenden, um die Aufmerksamkeit der Gnome zu erregen.

GWYLLIONS

RECHTS *Gwyllions können gut mit Geld umgehen. Sie werden Ihnen helfen, wenn sie beschlossen haben, bei Ihnen zu bleiben.*

Diese wilden Bergbaugesellen aus Wales werden etwa 45 – 50 Zentimeter groß. Man kann ihr Hämmern an Wänden der Höhlen hören, in denen viele wertvolle Mineralien zu finden sind. Hell- und dunkelhäutig, mit pechschwarzem Haar und einer Vorliebe für Goldzähne und Ohrringe, tragen sie am liebsten leuchtend bunte, gestreifte Kleidung. Bei besonderen Anlässen kleiden sie sich ganz weiß. Hört man das Hämmern oder Singen eines Gwyllion, verläuft dort mit Sicherheit eine reiche Erzader, und wer schnell genug durch den Fels bricht, kann die eifrigen Wesen beim Abbau fangen. Die kleinen Bergleute benutzen winzige Miniaturwerkzeuge mit besonderen Zauberkräften. Ich selbst besitze eines ihrer kleinen goldenen Hämmerchen und eine Säge, die ich sorgsam aufbewahre und für meine persönlichen Geomantieabenteuer verwende.

EINFANGEN EINES GWYLLION

Bergleute lassen immer etwas von ihrem Abendessen für die kleinen Wesen zurück. Gehen Sie zu dem Ort, an dem Sie den Gwyllion gehört haben, und legen Sie ein kleines Tuch mit Essen und Trinken dorthin. Setzen Sie sich in die Nähe, und warten Sie. Ein Gwyllion kommt nur aus freien Stücken mit Ihnen, daher hat es keinen Sinn, ihn einzufangen. Behandeln Sie diese kleinen, hart arbeitenden Minenarbeiter immer mit großem Respekt – sie können sehr aufbrausend reagieren, wenn man sie ärgert. Sobald Sie den Gwyllion gesehen oder seine Anwesenheit gespürt haben, können Sie die Reste seiner Mahlzeit in das Tuch wickeln und dort vergraben. Sprechen Sie auf dem Heimweg laut mit dem Gwyllion – er wird Sie hören.

Gießen Sie auf der Suche nach den Gwyllions (in Höhlen oder auf den walisischen Hochebenen) zum Zeichen, dass Sie freundlich gesinnt sind, einen Krug mit Bier in Kreisform aus. Schauen Sie am nächsten Tag nach, ob Sie Veränderungen bemerken, die auf die Anwesenheit eines Gwyllion schließen lassen. Wenn der Erdmann Ihnen folgt und bei Ihnen wohnt, sollten Sie im Falle eines Umzugs immer eine kleine Silbermünze zurücklassen, damit er weiß, dass Sie ihn nicht verlassen haben.

KAMINFEEN

RECHTS *Stellen Sie einen kleinen Teller mit Essen an das Versteck der Kaminfee, und beobachten Sie, wie es verschwindet!*

Kaminfeen sind entfernte Verwandte der Heinzelmännchen mit ähnlichem Aussehen: klein und dunkelbraun bis bläulichviolett. Sie haben rote oder gelbe Augen und trotz ihrer gedrungenen Gestalt ungewöhnlich lange, spindeldürre Finger und Zehen. Ihre langen, geraden Haare sind dunkelglänzend, die Ponyfransen bedecken die Augen halb. Kaminfeen besitzen zarte, fedrige Flügel, die normalerweise auf dem Rücken zusammengefaltet sind. Wenn sie sich aufregen, breiten sie sie so weit wie möglich aus, um möglichst bedrohlich zu wirken. Kaminfeen verbergen sich hinter Feuerstellen und haben wie die Salamander eine Vorliebe für warme Orte. Sie sind auffallend schüchtern: Schaut man sie direkt an, verschwinden sie augenblicklich. Am liebsten beobachten sie die Umgebung von ihrem sicheren Platz hinter dem dunklen, warmen Kamin aus. Kaminfeen umsorgen und beschützen Sie. Wenn Sie ihre Anwesenheit ohne viel Aufsehen anerkennen und wie üblich in Ihrem Tun fortfahren, werden Sie bald merken, dass sie über Sie wachen, während Sie z. B. den Teekessel aufstellen oder die Herdtür öffnen.

Kaminfeen wohnen bevorzugt in offenen Kaminen oder Öfen. Mit der Einführung von Zentralheizungen in modernen Haushalten suchten sie sich andere geeignete dunkle Ecken im Haus, wie z. B. Elektroherde. Ich kannte eine Kaminfee, die sich am liebsten oben auf einer Mikrowelle aufhielt. Früher gab es in fast jedem Haus einen Kamin, der meistens von Feen bewohnt war. Der Kamin war Herz und Seele des Hauses: Er sorgte für Wärme, Essen, heißes Wasser und

war ein wohliger Aufenthaltsort, wenn draußen die Winterstürme tobten. Früher achteten Kaminfeen darauf, dass nichts überkochte und keine Vögel in den Kamin fielen. Heute haben sie sich neue Aufgaben gesucht und interessieren sich für Ihren kaputten Toaster oder die Kaffeemaschine. Die alten Römer hielten den Kamin für den Sitz der Hausgötter und verehrten ihn als heiligen Ort.

Der Kamin wurde peinlich sauber gehalten, und das Feuer brann-

EINFANGEN EINER KAMINFEE

Backgerüche und eine häufig genutzte Küche ziehen Kaminfeen an. Sie lieben den Duft von frisch gebackenem Apfelkuchen, Brot oder anderem Gebäck, und wenn Sie Ihre Werke neben den Herd oder ans offene Fenster stellen, werden sie kaum widerstehen können. Sollten Sie in Ihrem Haus keinen offenen Kamin haben, suchen Sie eine warme, dunkle Ecke, die der Fee gefallen könnte. Zur Not können Sie eine kleine, dunkle Nische einrichten – z.B. ein Tischchen mit einem Tuch. Allerdings ziehen Kaminfeen dauerhafte Aufenthaltsorte vor. Gestalten Sie als Nächstes einen kleinen Altar, auf den Sie einen Strauß Minze in ein Glas mit einer Mischung aus Backpulver und Wasser stellen (die Feen lieben den Geruch von Minze und die Luftblasen durch das Backpulver). Außerdem können Sie ein mit Tau gefülltes Eichelhütchen und etwas Asche oder ein Stückchen Kohle darauf legen, damit die Feen sich wirklich zu Hause fühlen. Singen Sie folgendes Lied sieben Tage lang, wenn alle im Haus schlafen:

Kleine Kaminfee, sieh nur dort,
nur für dich ist dieser Ort,
Kleine Kaminfee, hör' mich nun,
sei willkommen, hier darfst du ruh'n.

Beobachten Sie den Altar, und notieren Sie jede Veränderung. Denken Sie daran, dass Kaminfeen sehr scheu sind, und reagieren Sie nicht, wenn Sie etwas aus den Augenwinkeln vorbeihuschen sehen. Mit der Zeit wird die Fee Vertrauen gewinnen und sich Ihnen zeigen. Sie können diese zarten Wesen nur halten, indem Sie dafür sorgen, dass Ihr Haus, vor allem Ihre Küche, ein fröhlicher, warmer und gemütlicher Ort ist. Wenn Sie die Anwesenheit einer Fee spüren, plaudern Sie regelmäßig in ihrem Versteck mit ihr.

te häufig über Nacht, um die Feuergeister freundlich zu stimmen. Bei einem Umzug entzündeten viele Familien in ihrem neuen Heim ein Feuer mit einem brennenden Stück Holz aus dem alten Kamin, um die Kaminfee auf diese Weise mitzunehmen. Daher stammt auch der Brauch einer »*housewarming*«-Party (dt. Einzugsparty, um im neuen Haus »warm« zu werden).

Früher war es üblich, über den Kamin und seine Sauberhaltung mit einer Kaminfee zu kommunizieren. Waschen Sie den Kamin mit einer Lösung aus Holunderblättern und heißem Wasser aus. Der Geruch zeigt der Fee, dass sie in Ihrem Haus willkommen ist. Außerdem mögen sie getrockneten Weißdorn über dem Kamin, da sie seine Blätter für ihre Magie verwenden. Walnussschalen sind beliebt als Tauschobjekte und Geldersatz. Feen benutzen sie für vieles, z. B. als Kinderwagen.

RECHTS
Kleine Kaminfeen lieben den Duft von frisch gebackenem Brot.

RECHTS *Hobgoblins können sehr launisch sein, behandeln Sie sie daher freundlich.*

Hobgoblins

Hobgoblins, in England auch Boggarts genannt, sind spitzbübische kleine Wesen. Mit großem Vergnügen spielen sie uns Menschen Streiche, helfen jedoch auch gerne im Haus. Allerdings kehren sie den Schmutz eher unter den als vom Teppich. Hobgoblins haben häufig Besen bei sich, mit denen sie durch die Luft sausen, Fliegen totschlagen und sie für andere, nicht häusliche Zwecke benutzen. Der Hobgoblin ist ein Halbmensch wie der Satyr. Er trägt Hörner, und Kopf und Beine sind von ziegenartigem, dickem, lockigem Fell bedeckt. Der Hobgoblin ist ein Fruchtbarkeitsgeist und kann seine Gestalt verändern. Zu den bekanntesten Hobgoblins zählt Robin Goodfellow, auch als Puck bekannt. Hobgoblins lieben Feste und sind überall dort anzutreffen, wo es genug zu essen, trinken und Musik gibt. Streiche sind ihr Markenzeichen, doch sind sie nie böse gemeint.

EINFANGEN EINES HOBGOBLIN

Veranstalten Sie ein großes Fest im Freien. Decken Sie ein extra Gedeck an einer Seite des Haupttisches, stellen Sie ein großes Glas Bier davor, und schmücken Sie das Ganze mit einem Kranz aus Kaurischneckenhäuschen, Efeu-, Stechpalmen- und Tabakblättern. Dies wird den Hobgoblin anlocken. Behalten Sie seinen Platz im Auge, und sprechen Sie mit ihm, je mehr die Party in Gang kommt. Er merkt, wenn Sie es ehrlich meinen, und Ihre Freundschaft kann beginnen. Decken Sie fortan immer ein Gedeck für Ihren Freund – wenn Sie ihn vergessen, vergisst er Sie ebenfalls, auch wenn sie viel Spaß zusammen hatten.

Meine Großtante erzählte mir, dass ein Stechpalmenkranz an der Tür einen Hobgoblin vom Betreten des Hauses abhält, da er versuchen wird, die Beeren zu zählen – selbst wenn keine vorhanden sind! Auf alten Hausdächern sieht man häufig einen kleinen Vorsprung unten am Kamin, bekannt als »Goblin-Sitz«. Er sollte den kleinen Wesen als Ruheplatz dienen – und sie vom Hereinkommen abhalten.

RECHTS *Kobolde entwenden häufig Papiere für ihre eigenen Zwecke, sind aber nicht bösartig.*

KOBOLDE (IMPS)

Kobolde oder Imps sind gute Freunde der Hexen und im Allgemeinen unsichtbar. Wer das Glück besitzt, einen Kobold zu sehen, sollte ihn daher sofort fangen und in einer Flasche mit etwas frischem Wasser halten, die fest mit einem Korken verschlossen ist. Der Kobold fühlt sich im Wasser sehr wohl, und nach etwa einer Woche wird er die Flasche als sein Zuhause ansehen. Dann können Sie ihn herauslassen, und er wird regelmäßig zurückkehren. Kobolde sind sehr klein und von menschenähnlicher Gestalt, allerdings vollkommen haarlos. Sie haben eine große Vorliebe für wertvolle Kleidung, insbesondere für Samtumhänge und Pelzmützen. Außerdem tragen sie Gürtel mit verschiedenen Dingen wie Scheren, Pinsel und Stifte. Hauptsächlich beschäftigen sie sich mit Verwaltungsangelegenheiten, aber auch mit Magie. Wenn Sie irgendwo wichtige Papiere verlegt

EINFANGEN EINES KOBOLDES

Füllen Sie ein wenig warmes Wasser und eine Haselnuss in eine leere Korkenflasche, und stellen Sie sie aufs Fensterbrett, am besten hinter einen Vorhang. Streuen Sie eine schmale Tabakspur vor die Flasche bis in ihr Inneres. Murmeln Sie vor dem Zubettgehen leise folgende Zauberworte: »Io, zati, zata, abata.« Die Worte »schweben« vor der Flasche und locken den Kobold hinein. Prüfen Sie am nächsten Morgen die Flasche. Wenn Sie irgendeine Veränderung feststellen, verschließen Sie sie schnell mit dem Korken. Nun haben Sie den Kobold gefangen. Behalten Sie ihn eine Woche in der Flasche, bevor Sie ihn wieder freilassen. Denken Sie daran, dass er oft unsichtbar ist, und lassen Sie sich nicht täuschen, falls Sie ihn nicht sehen.

haben, hilft Ihnen der Imp sicherlich, sie wiederzufinden.

Auch wenn Kobolde nicht bösartig sind, kann es sein, dass sie die Papiere entwendet haben. Falls Ihre Papiere allzu häufig »verschwinden«, befestigen Sie einen Ebereschenzweig mit einem weißen Band an Ihrem Schreibtisch. Er wirkt wie eine Schranke, die den kleinen Gesellen fernhält! Ein Hufeisen mit der Öffnung nach oben hat einen ähnlichen Effekt. Es hält alles Gute in seinem Halbkreis und lässt nichts vorbei.

KELPIES

RECHTS *Vielleicht entdecken Sie auf den schäumenden Wellen des Meeres einen Kelpie.*

Kelpies sind sehr aggressive Wassergeister, häufig in Gestalt von Pferden oder Pferden mit Menschenköpfen. Bei rauer See reiten sie die riesigen Wellenberge entlang. Sie sind Verwandte von Macha, Rhiannon und der Pferdegöttin Epona (sie hat einen Pferdekörper mit einem Frauenkopf und ist die Schutzgöttin der Toten und in Not Geratenen). Alle drei verkörpern die kosmische Göttin in Dreigestalt: Macha ist ihr irischer, Rhiannon ihr walisischer und Epona ihr römischer Name. Epona trägt die Schlüssel zur Anderswelt und öffnet den Seelen bei ihrem Übergang auf die andere Seite die Tür. Die Kelpies ziehen die Boote mit den Seelen in die Unterwelt. Die Reise beginnt an der Wasseroberfläche und setzt sich später unter Wasser fort. Wenn Sie einen Kelpie verärgern, zieht er Sie auf den tiefsten Meeresgrund und ertränkt sie.

EINFANGEN EINES KELPIE

Reiten Sie barfuß am Strand entlang. Lassen Sie Ihr Haar frei fliegen und Ihre Gedanken in den Wellen spielen. Sobald Sie alle irdischen Sorgen losgelassen und sich vollkommen mit dem Wesen des Meeres verbunden haben, wird der Kelpie Sie hören und Sie auf Ihrem Ritt begleiten. Halten Sie Ihr Pferd an, steigen Sie ab, und gehen Sie den Weg zurück, den Sie gekommen sind. Setzen Sie Ihre nackten Füße genau in die Spuren Ihres Pferdes und des unsichtbaren Kelpie. Dadurch verbinden Sie sich auf metaphysischer Ebene mit dem Kelpie. Sein Geist ist von nun an in Ihrem Pferd und bereichert bei jedem Ritt Ihr Leben mit seiner wilden Kraft.

LEPRECHAUNS

Leprechauns kennt man überall auf der Welt. Die verschiedenen Namen bezeichnen alle dasselbe Wesen mit denselben Merkmalen. Am bekanntesten ist der irische Name Leprechaun bzw. Clocharachan. Da sie Erdgeister sind, leben sie meistens unter der Erde. Außerdem findet man sie in Sumpfgebieten, Höhlen und manchmal in feuchten Kellerwohnungen. Sie arbeiten als Schuhmacher der Feen. Leprechauns sind sehr wohlhabend, da ihnen alle in der Erde vergrabenen Schätze gehören. Die Verwandten von Zwergen und Gnomen gleichen verhutzelten alten Männchen, sind etwa einen Meter groß, und haben ungewöhnlich lange und spitze Nasen. Ihre Kleidung ist erdfarben, z. B. grün, rot oder braun, und sie lieben Hüte. Traditionell tragen sie Kniebundhosen, Hosenträger, Westen und Schuhe mit blinkenden Schnallen, deren Spitzen sich häufig

EINFANGEN EINES LEPRECHAUN

Nehmen Sie ein großes Büschel Jakobskraut und eine glänzende Silber- bzw. Goldmünze oder ein Miniaturwerkzeug, das einem Leprechaun nützlich sein könnte. Legen Sie das Geschenk unter das Jakobskraut am Eingang einer Höhle oder am Fuß eines Berges nieder, und verstecken Sie sich in der Nähe. Angelockt durch das Jakobskraut, wird der Leprechaun seinen Fund näher untersuchen. Springen Sie schnell aus Ihrem Versteck, und ergreifen Sie seinen Geldbeutel oder seinen Hut. Solange Sie diese Dinge bei sich haben, wird der Leprechaun nicht von Ihrer Seite weichen. Auch wenn er alles Gold der Erde besitzt, kann er nichts weggeben, es sei denn aus freien Stücken. Daher wird er Ihnen folgen, solange Sie seinen Hut oder seinen Geldsack haben.

UNTEN *Solange ein Leprechaun seinen Geldsack nicht bekommt, bleibt er bei Ihnen – und mit ihm der Geldsegen!*

nach oben biegen. Sie lieben buntschillernde Jackenknöpfe und haben immer einen Geldbeutel oder ein Säckchen mit Gold und Silber bei sich. Auch wenn sie auf ihren Reichtum sehr bedacht sind, helfen sie besonders den Armen und legen häufig Geldstücke für sie auf den Boden. Es ist sehr schwer, einen Leprechaun einzufangen. Sollte es Ihnen trotzdem gelingen, misstrauen Sie seinen Worten. Er wird alles tun, um zu entwischen, und sofort die Flucht ergreifen, wenn Sie einen Moment lang unaufmerksam sind. Trotzdem lohnt es sich, einen Leprechaun zu fangen, da er Ihnen finanziell helfen kann. Fragen Sie ihn, wo er seine Goldschätze aufbewahrt. Wer einen Leprechaun in seinem Haus hält, wird nie mehr Geldsorgen haben. Am ehesten findet man die kleinen Erdgeister bei Tagesanbruch in Bergen, Sümpfen und Höhlen.

MEERJUNGFRAUEN UND WASSERMÄNNER

Meerjungfrauen und Wassermänner leben im Meer in prächtigen, versunkenen Palästen, die mit Schätzen aus Schiffswracks dekoriert sind. Als Gefährten des Mondes beherrschen sie die Gezeiten und lieben die Schönheit und Gefahren des Meeres. Die uralten Wasserwesen mit ihren geschmeidigen, weißen, menschenähnlichen Oberkörpern und Fischschwänzen sind die Freunde aller Meeresbewohner und wurden in der Vergangenheit häufig von Menschen gesichtet. Sie reiten auf Delfinen und Aalen und sammeln die Seelen von Ertrunkenen. Wassermänner bleiben hingegen lieber im Wasser und verlassen nur äußerst selten die Anderswelt, auch wenn sie Menschengestalt annehmen können. Im Allgemeinen tun sie dies nur, um gemeinsam mit den Selkies die Boote der Feen übers Wasser zu rudern oder um zu kämpfen. Daher weiß man nie, ob es nun ein Glück ist, einem Wassermann zu begegnen, oder nicht. Meerjungfrauen sitzen gerne auf kleinen, abgelegenen Felsvorsprüngen am Ufer und kämmen singend ihr wunderschönes Haar. Sie haben silbrig weiße Haut und lachsähnliche Schwanzflossen mit glänzenden Schuppen, violette, blaue oder grüne Augen und langes, fließendes blondes oder grünes Haar. Als Schmuck tragen sie klingelnde pastellfarbene Muschelschalengürtel, haben silberne Kämme und Spiegel und Kleider aus Algen. Um ihre Gestalt zu verändern, benutzen sie Kappen aus Seehundfell. Ohne sie sind Meerjungfrauen hilflos, da sie dann an Land bleiben müssen.

Wassermänner haben andere Schwanzflossen. Sie sind weich, schuppenlos und gesprenkelt wie bei einem Tümmler. An beiden Seiten des Kopfes wachsen ihnen lange Haarbü-

RECHTS *Meerjungfrauen zählen zu den schönsten Wesen des Feenreiches.*

LINKS *Meerjungfrauen kümmern sich bei stürmischer See um in Seenot geratene Menschen.*

schel bis hinab auf die Schultern, die sie wie einen Hahnenkamm aufstellen können, wenn sie sich ärgern.

Wassermänner sehen sehr gut aus und haben lange schwarze Bärte und fast schwarze Augen. Alle Wassergeister haben Schwimmhäute an den Händen und in Menschengestalt auch zwischen den Zehen. Sie unterhalten sich in einem eigenartigen Singsang, vor allem die Meerjungfrauen, da Wassermänner von Natur aus eher zurückhaltend sind. Wassermänner verhalten sich Menschen gegenüber misstrauisch, während Meerjungfrauen es als ihre Pflicht ansehen, sie vor drohenden Gefahren wie Unwetter, Ölverschmutzung und Schiffswracks zu warnen.

Meerjungfrauen besitzen ein großes Herz und lieben die Menschen. Als Nachfahren der Sirenen und uralter Wasserwesen kennen sie die Vorzüge menschlichen Lebens und mischen sich gerne unter die Menschen, um mit ihnen zu feiern!

EINFANGEN EINES WASSERWESENS

Ein Meereswesen lässt sich nur fangen, wenn Sie es dazu bringen, sich in Sie zu verlieben. Fischer und Seeleute haben die besten Chancen, da sie viel mit diesen Wesen gemein haben. In England gibt es mehrere bekannte Plätze, an denen sich Wassergeister aufhalten sollen, z. B. die Höhle »Piper's Hole« auf der Scilly-Insel Tresco, der »Mermaid's Rock« in Ost-Cornwall oder die »Doom Bar«, eine Sandbank bei Padstow Harbour. Besuchen Sie einen dieser magischen Orte, wenn Sie können (andernfalls tut es auch irgendeine andere felsige Stelle am Meeresufer), und halten Sie Ausschau nach einem im Wasser herumschwimmenden oder auf einem Felsen sitzenden und singenden Wesen. Hängen Sie ein Bündel Seegras an die Felsen, und legen Sie ein Netz mit Meersalz als Geschenke ans Wasser. Sie können auch einen kleinen, buntbemalten Holzfisch als Gabe ins Wasser werfen. Denken Sie daran, dass Meereswesen sekundenschnell ihre Flossen in Beine verwandeln können und umgekehrt. Vergewissern Sie sich daher, dass Sie wirklich einen Wassergeist und nicht etwa einen Feriengast beglücken, sonst geraten Sie in Schwierigkeiten! Es liegt nun an Ihnen, Ihren Charme zu versprühen. Wenn Sie den Wassergeist angelockt haben, nehmen Sie ihm den Muschelgürtel oder die Seehundkappe, und er wird für immer an Sie gebunden sein bzw. so lange, bis Sie ihm seine Habe zurückgeben. Vergessen Sie nie, dass Meereswesen sehr großherzig sind – verletzen Sie daher nie ihre Gefühle. Sie wollen bestimmt keinen Sturm auf dem Meer verursachen!

RECHTS Wassergeister sind an magischen Orten zu finden.

NYMPHEN

RECHTS *Nymphen sind sehr alte Wesen, bekannt aus keltischen und römischen Mythen.*

Nymphe ist der Überbegriff für hexenähnliche, meist weibliche Wesen, die von vorchristlichen, heidnischen Priesterinnen abstammen. Unter dem Beinamen latis, Göttin der See, stehen sie entweder mit heiligen Gewässern, als ratis, Göttin der Festung, mit heiligen Wäldern in Verbindung. »Nymphe« bedeutet ursprünglich »heiratsfähige Jungfrau«, daher verbindet man sie mit Heilung und Fruchtbarkeit. Laut alten Überlieferungen verleiht das Wasser vom Wohnort einer Nymphe Fruchtbarkeit, weshalb diese Gewässer auch als »Quelle des Lebens« bezeichnet werden. Als besondere Gabe können Sie Blütenblätter weißer oder gelber Chrysanthemen in Whisky tränken. Überall auf der Welt gibt es zahlreiche natürliche Gedenkstätten in Hainen und Wassergebieten, wo Sie meditieren und Ihre Geschenke hinterlassen können, wenn Sie mit Nymphen in Kontakt treten wollen.

EINFANGEN EINER NYMPHE

Wenn sie ein starkes Bedürfnis und Ihre Aufrichtigkeit spürt, kommt die Nymphe freiwillig zu Ihnen. Andernfalls bleibt sie verborgen und lässt sich nur ab und zu blicken. Gehen Sie zu einer natürlichen Gedenkstätte, und legen Sie eines Ihrer Kleidungsstücke in die Bäume oder ans Ufer des gewählten Ortes. Erzählen Sie der Nymphe von Ihren Sorgen oder Wünschen. Küssen Sie anschließend den Erdboden, drehen Sie sich dreimal gegen den Uhrzeigersinn, und gehen Sie wieder nach Hause. Sie dürfen sich auf keinen Fall umschauen! Wenn Ihre Fragen sich nicht innerhalb einer Woche in irgendeiner Form geklärt haben, kehren Sie zurück und sprechen erneut mit der Nymphe.

Bekannte Nymphen sind Arnemetia von Buxton; Sul von Bath; Boand vom Fluss Boyne, Natosvelta von den stürmischen Fluten, Flidais und Conventina. Meist sind sie unsichtbar. Wer lange genug stillhält, kann sie jedoch auch sehen. Nymphen nehmen menschliche Hilfe dankbar an, wenn sie sie brauchen. Sie mögen weiße Steine als Geschenke, vor allem für ihre Wettermagie.

Piskies (Pixies)

Piskies findet man hauptsächlich im englischen Cornwall, wo sie *Cornish Pixies* genannt werden. Sie sind gute Freunde der ebenfalls aus Cornwall stammenden Spriggans. Der Spriggan ist ein Furcht einflößender Riese, der seine Gestalt beliebig verändern kann. Seine Hauptaufgabe besteht darin, alte, unter prähistorischen Menhiren verborgene Schätze zu bewachen. Piskies leben sowohl unter als auch über der Erde, in der Umgebung von Menhiren und Steinkreisen. Sie besitzen zwei Outfits: ihre Alltagskleidung, üblicherweise in Grün mit einem scharlachroten Hut, und ihre Feiertagskleidung, bestehend aus einem roten Mantel und einem spitzen schwarzen Hut. Sie sind bekannt dafür, Menschen zu verzaubern, so dass sie sich verirren. Selbst Menschen, die den Weg oder die Umgebung sehr gut kennen, verlieren unter ihrem Zauber

Einfangen eines Pisky

Gehen Sie, wenn möglich, zu einem Menhir. Ziehen Sie Ihre Jacke verkehrt herum an, um den Pisky zu verwirren. Indem Sie seine Welt betreten, locken Sie ihn an. Setzen Sie sich still mit dem Rücken gegen den Menhir, und erklären Sie dem Pisky, warum Sie ihn brauchen – Sie sollten einen guten Grund haben. Wenn Sie ein Stechen oder Unwohlsein verspüren, verabschieden Sie sich augenblicklich, und wenden Sie Ihre Jacke wieder. Legen Sie nach erfolgreicher Kommunikation eine Münze auf den Boden vor sich. Teilen Sie dem Pisky laut mit, dass dies, wenn er möchte, sein Lohn für seinen ersten Dienst ist.

UNTEN *Aus Ärger wirft der Pisky manchmal mit »brennenden Steinen«.*

vollkommen die Orientierung. Ziehen Sie zum Schutz ein Kleidungsstück, z. B. Ihre Jacke, einfach verkehrt herum an. Der Pisky kehrt Ihre Aurahülle und Sie ein Kleidungsstück um, das körperlich mit Ihnen verbunden ist. Dadurch wird die Wirkung des Zaubers aufgehoben. Meist glatt rasiert mit leuchtend roten Backen, tragen Piskies im Alter am liebsten lange, dünne Bärte. Bei Bedarf sind sie sehr gute Kämpfer, und wenn man sie ärgert, werfen sie mit heißen Kieseln, so genannten »brennenden Steinen«, oder benutzen Speere, Pfeil und Bogen oder Katapulte. Als Ihr Freund ist der Pisky jedoch ein treuer Beschützer.

PUKAS

Bei meiner Großmutter in Norfolk, England, ritt ich im Alter von etwa elf Jahren völlig unvorbereitet auf einem Puka. Meine Schwester und ich wollten auf dem benachbarten Hof reiten, und ich wählte einen sehr großen Rappen. Nachdem man mir hinaufgeholfen hatte, schoss er wie der Wind davon. Ich konnte mich nur noch an seiner seidigen Mähne festkrallen. Der Puka – wenn es einer war, was ich allerdings nicht bezweifle – durchquerte einen nahen Wald bis hin zu einem Steinbruch. Verzweifelt betete ich zum Grünen Mann. In dem Moment grub der Puka seine Hufe in den bröckelnden Boden und senkte den Hals. Ich flog über seinen Kopf und landete auf dem Rücken, genau am Rande des Abgrunds. Glücklicherweise war ich nicht arg verletzt. Ich blieb erschöpft auf dem Boden liegen, während mein Pferdefreund in der Ferne verschwand. Kurz darauf erschien meine Schwester auf einer braunen Stute. Sie schien überrascht, mich alleine zu sehen. Ich erzählte ihr alles, und wir kehrten zurück, um zu schauen, ob der Puka mein Pferd nach Hause gebracht hatte. Diesen schrecklichen und zugleich atemberaubenden Ritt werde ich sicher nie vergessen. Für mich ist er ein perfektes Beispiel für einen Puka-Streich. Pukas verwandeln sich in verschiedene Tiere, am liebsten in Pferde. Sie sind sehr wilde Wesen, und es macht ihnen größten Spaß, Menschen in wildem Ritt auf ihrem Rücken durch Wälder und Berge zu entführen.

In menschlicher Gestalt erkennt man Pukas an ihren kantigen Gesichtszügen, auffallend großen

RECHTS *Pukas sind wilde Wesen und lassen sich nicht gerne fangen.*

OBEN *Ein schneller Ritt auf einem Puka bedeutet häufig schnellen Erfolg.*

Augen und den ledrigen, fledermausartigen Flügeln, die über den Schultern gefaltet sind. Allerdings erscheinen sie meist als Tier. Sie sind Boten des Feenvolkes, doch aufgrund ihres schalkhaften Wesens spielen sie den Menschen gerne Streiche, wenn sie Botschaften übermitteln. Verirrten oder erschöpften Menschen erscheinen sie als Pferd, Hund, Ziege, Stier, Affe oder eine Mischung verschiedener Tierarten, und sobald man auf ihren Rücken steigt, rasen sie wie der Wind davon und erschrecken ihre Reiter zu Tode! Es heißt, dass sie die Anderswelt selten verlassen und unsere Welt nur während der Sabbatfeiertage besuchen, wenn Feen und Menschen leicht zwischen den Welten wechseln können. Am liebsten erscheinen sie an Beltane (Cetshamain), in der Nacht vom 1. auf den 2. Mai, und an Samhuin (Halloween), in der Nacht vom 31. Oktober auf den 1. November. Ein Puka beschützt Sie auf Reisen und sorgt für lebhafte Kommunikation in Ihrem Leben.

EINFANGEN EINES PUKA

Oft erscheint der Puka, wenn Sie auf eine Johanniskrautpflanze treten, selbst wenn dies nur zufällig geschieht. Sie ist ihm heilig, und zertreten Sie die Pflanze absichtlich, verärgern Sie ihn. Daher ist es am besten, sich am Abend eines Sabbatfestes an einen Straßen- oder Wegesrand zu setzen und zu warten, bis der Puka erscheint. Taucht plötzlich aus dem Nichts ein Tier vor Ihnen auf, dann versuchen Sie, es zu besteigen. Wenn es in wildem Galopp davonstürmt, handelt es sich mit ziemlicher Sicherheit um einen Puka. Wild bockend wird er Ihnen einen gehörigen Schrecken einjagen. Gewöhnlich hält er erst bei Tagesanbruch inne, und wenn Sie ihn fangen wollen, müssen Sie auf seinem Rücken bleiben. Natürlich wird der Puka versuchen, in die Anderswelt zurückzukehren, doch Sie müssen ihn zähmen. Dies ist nicht einfach. Wenn es Ihnen jedoch gelingt, ihn nach Hause zu reiten, verwandelt er sich in einen Menschen und Sie können ihn bis zum selben Abend bei sich behalten. Dann wird er sich zurückverwandeln und verschwinden. Wollen Sie den Puka länger bei sich halten, müssen Sie ihn jede Nacht bis nach Tagesanbruch reiten – ein sehr ermüdendes Unterfangen, da die Fluchtversuche des Puka nie aufhören. Haben Sie also das zweifelhafte Glück und einen Puka gefangen, so nützen Sie die Chance wohlüberlegt einen Tag lang – und lassen Sie ihn dann ziehen.

SALAMANDER

RECHTS *In jedem Feuer wohnt ein Salamander.*

Dieser Elementargeist des Feuers ist größer (etwa ein bis fünf Zentimeter) als die kleinen Feuergeister. Rot, gelb und orangefarben glich der Salamander ursprünglich einem Drachen mit einem langen, dünnen Schwanz und breiten, ausladenden Flügeln. Mit der Zeit entwickelte er eine menschenähnlichere Gestalt, behielt jedoch echsenartige Züge, einen geringelten Schwanz und schuppige Haut. Salamander leben im Feuer und lieben die Hitze. Erlischt das Feuer oder die Kerze, die sie bewohnen, sterben sie. Allerdings erwachen sie sofort wieder zum Leben, wenn man sie erneut anzündet. Schauen Sie in die Flammen einer Kerze oder eines Feuers. Irgendwann werden Sie sehen, wie der Salamander vor Ihren Augen wächst, sich in einem endlosen Kreislauf ausdehnt und wieder schrumpft. Wenn Sie Schwierigkeiten beim Anzünden eines Feuers oder einer Kerze haben, hat wahrscheinlich Ihr

EINFANGEN EINES SALAMANDERS

Als Elementarwesen ist der Salamander in jedem Feuer vorhanden. Zünden Sie daher einfach eine Kerze an, wenn Sie ihn fangen wollen. Brauchen Sie seine spezielle Hilfe, dann entzünden Sie ein Feuer oder eine Kerze, und binden Sie ein Bündel Eschenzweige mit einem saftigen grünen Zweig zusammen. Werfen Sie das Bündel ins Feuer, oder halten Sie es vorsichtig über die Kerzenflamme, und sprechen Sie Ihren Wunsch aus, sobald die Zweige zu brennen beginnen. Hexen bitten Salamander häufig um Hilfe, wenn sie einen Seesturm erzeugen wollen. Dabei werfen sie Eierschalen ins Feuer.

Salamander schlechte Laune! Fällt Ruß oder Kerzenwachs herunter, so ist dies eine Botschaft des Salamanders, dass Besuch bevorsteht und Sie das Feuer löschen sollten! Verbrennen Sie Rosmarin- und Angelikablätter, um die Feuerstelle bzw. den Kerzenhalter zu reinigen und dem Wohnplatz des Salamanders einen angenehmen Duft zu verleihen. Wenn Sie einen Liebhaber suchen, hängen Sie einen Holzapfel in einem roten Baumwolltuch über die Flammen. Fällt der Apfel heraus, wird der Salamander Ihnen helfen!

SELKIES

RECHTS *Selkies haben Schwimmhäute an den Händen und Hornhaut an den Fußsohlen.*

Diese bezaubernden, großen und etwas trägen Wasserwesen erscheinen häufig in Seehundgestalt und sonnen sich mit Vorliebe am Strand. Sie sollen ursprünglich von einer kleinen, verborgenen Insel vor der Küste im Norden von Norfolk und einer Felsenbucht westlich der Orkney-Inseln stammen. In sterblicher Gestalt haben sie große braune und goldgesprenkelte Augen und besitzen cremefarbene bis schokoladenbraune Haut. Im Allgemeinen werden sie nachts zu Menschen, indem sie ihr Fell abwerfen, allerdings verwandeln sie sich bei Tagesanbruch in Seehunde zurück. Sie können einen Selkie fangen, indem Sie sein Fell an sich nehmen. Dann muss er bei Ihnen bleiben, bis Sie es ihm zurückgeben. Selkies sind die Hüter eines kleinen, versteinerten Seeigels, der etwa 70 Millionen Jahre alt und als Echinit bekannt ist. Er besitzt große Zau-

EINFANGEN EINES SELKIE

Selkies schwimmen sehr gut und schnell. Am besten zu erwischen sind sie, wenn sie träge an der Wasseroberfläche treiben, was sie ziemlich häufig in Menschen- oder Seehundgestalt tun. Für Ihr Vorhaben benötigen Sie ein Boot, da Selkies schnell entwischen, sobald sie merken, dass sie entdeckt wurden. Ihre Leibspeise ist gehackte Leber und Lachs. Verteilen Sie ein wenig davon auf dem Wasser um das Boot herum, und verhalten Sie sich ganz still. Bald wird sich der Selkie mit trägem Platschen nähern und Ihr Geschenk untersuchen. Mein Onkel Patrick liebt Selkies und besucht sie häufig mit seinem Boot. Sie können einen Selkie nur dann halten, wenn er sein Fell bei Nacht freiwillig abgelegt hat.

berkräfte. Sie sind Zwitterwesen. Früher hielt man sie für verzauberte Menschen in Seehundgestalt. Der Zauber erlaubte es den ersten Selkies nur einmal im Jahr, sich in Menschen zurückzuverwandeln, und zwar in der Mittsommernacht. Dann warfen sie ihr Fell ab und tanzten am Strand. Heutige Nachfahren aus Verbindungen zwischen Selkies und Menschen können ihre Gestalt hingegen frei wählen.

RECHTS *Sirenen und Harpien sind als »Schwestern der Zwietracht« bekannt.*

SIRENEN UND HARPIEN

Sirenen und Harpien sind Schwestern. Beide besitzen weibliche Oberkörper und einen vogelähnlichen Unterleib. Sirenen sind Wassergeister aus uralten Zeiten, Harpien so genannte Sturmgöttinnen. Sirenen sitzen bekanntlich am Meeresufer und führen mit ihrem betörenden Gesang Männer ins Verderben. Sie gelten als »Herrscherinnen der Winde« und sind äußerst gefährlich. Sirenen und Harpien mögen Frauen, Männer sollten sich jedoch vor ihnen in Acht nehmen. Oft hören Seeleute den Gesang der Sirenen und folgen ihm an Land, wo sie elendiglich umkommen. Die einzige Rettung besteht für einen Mann darin, sich Watte o. Ä. in die Ohren zu stecken und auf keinen Fall in ihre Richtung zu blicken. Es heißt, Sirenen säßen auf männlichen Knochen, die sie verzaubert hätten, so dass sie wie samtige Grashügel aussähen. Überlieferungen aus dem Mittelalter zufolge veränderte sich das Äußere der Sirenen im Laufe der Zeit. Ihre Vogelleiber wurden zu Fischschwänzen, und sie lebten mit ihren Verwandten in Palästen unter dem Meer. Ihr Männerhass blieb allerdings unverändert, seien Sie daher vorsichtig! Frauen finden in Sirenen sehr gute Freundinnen, die sie bedingungslos beschützen und mit Essen und Reichtum überschütten.

Bekannte Sirenen waren u. a. die bezaubernde Thelxiope, die musikalische Molpe und Aglaophonus mit ihrer wundervollen Stimme. Die alten Griechen und Römer glaubten, Sirenen würden nach ihrem Tod liebevoll und sanftmütig, und richteten ihnen zu Ehren Hausaltare ein.

Harpien sind gleichfalls halb Mensch, halb Vogel und mit Luft und Wind verbunden.

LINKS *Vögel sind seit uralten Zeiten mit Sirenen und Harpien verbunden.*

Als Verbündete der Sturmwinde bringen sie Übeltäter zur Strafe in ihren Vogelklauen zu den Furien. Bekannte Harpien waren Podarge (Schnellfüßige), Aelle (Sturmwind), Okypete (Schnellflügel), Nikothoe (unbesiegbare Geschwindigkeit) und Aellopus (Windfuß). Männer mögen die Harpien bis heute nicht sonderlich, Frauen hingegen erfüllen sie alle Wünsche. Sie gelten als »männermordend« und ziemlich gefährlich.

Der äußerst virile Meeresgott Phorkys ist der Vater der Sirenen und Harpien. Er hütet seine Vogeltöchter wie seinen Augapfel. Ich rate Ihnen nicht unbedingt, eine Sirene oder Harpie zu fangen, es sei denn, Sie sind eine starke Frau und brauchen eine sehr starke weibliche Gegenkraft – als Mann

EINFANGEN EINER SIRENE BZW. HARPIE

Gehen Sie singend und pfeifend am Strand spazieren. Wenn Sie ein Mann sind, bereiten Sie sich auf Ihren Untergang vor. Als Frau achten Sie auf andere weibliche Wesen oder Vögel in Ihrer Nähe. Heute nehmen Sirenen und Harpien viele verschiedene Gestalten an. Sobald Sie spüren, dass Sie die Aufmerksamkeit eines dieser mystischen Wesen erregt haben, sprechen Sie Ihren Wunsch laut aus, und blasen Sie ihn anschließend mit dem Wind übers Meer. Je nachdem, ob Sie eine Sirene oder eine Harpie gefangen haben, wird Ihr Leben fortan auf geheimnisvolle Weise von Vögeln, Wind oder Wasser bereichert. Was Sie aus dieser Magie machen, liegt an Ihnen und Ihrer mystischen Schwester.

OBEN *Sirenen leben heute im Meer; früher begleiteten sie ihre Schwestern, die Harpien, durch die Lüfte.*

sollten Sie es am besten vergessen. Falls Sie eine Harpie bzw. Sirene angelockt haben, so begegnen Sie ihr äußerst behutsam! Sie sind sehr feine Umgangsformen gewöhnt und reagieren daher unbewusst vielleicht abweisend und aufbrausend auf Sie. Wenn Sie sie gut behandeln, werden Sie jedoch viel Spaß haben und immer wieder wertvolle, unerwartete Geschenke von den seltenen Vogelwesen erhalten.

SYLPHEN

RECHTS *Sylphen sind zerbrechliche Wesen, die man leicht übersieht, solange sie sich nicht bewegen.*

Diese Elementargeister der Luft sind auch als Astralwesen bekannt, da sie auf dem Rücken des Windes reiten. Sylphen sind sehr große weibliche Wesen (etwa 2,50 bis drei Meter) und ungewöhnlich schmal und schlank. Von den außergewöhnlich hübschen Feen gehen pulsierende, farbige Lichtfäden aus, die Teil ihrer Flügel sind. Sylphen sind teilweise durchscheinend, wodurch sie noch außerirdischer und zauberhafter wirken. Sie helfen besonders bei metaphysischen Anliegen. Wenn Sie sich also für Körper, Geist und Seele interessieren, ist eine Sylphe die beste Lehrerin. Es ist nicht leicht, sie zu fangen. Doch wenn es Ihnen gelingt, wird sie Sie vor Schaden bewahren und mithilfe der Lichtfäden Ihre Wünsche dem kosmischen Fluss übermitteln.

EINFANGEN EINER SYLPHE

»Rufen« Sie den Wind, um ihre Aufmerksamkeit zu erregen, indem Sie leise und melodisch vor sich hinpfeifen. Räucherwerk wie Jasmin, Sandelholz und Patschuli zieht die Sylphen ebenfalls an. Sprechen Sie – wie bei Sirenen und Harpien – Ihren Wunsch laut aus. Anders als bei den Vogelwesen können Sie eine Sylphe jedoch überall herbeipfeifen. Es erfordert einige Übung, eine Sylphe zu fangen, und sie wird immer nur für kurze Momente bei Ihnen bleiben. Begnügen Sie sich damit, sie zu rufen, wann immer Sie ihre Hilfe oder spirituelle Unterstützung benötigen.

TROLLE

Trolle kommen ursprünglich aus Skandinavien, heute findet man sie jedoch wie die Undinen überall auf der Welt. Sie leben in relativ großen Familienverbänden mit einem König und einer Königin. Im Allgemeinen werden sie nicht größer als einen Meter und sind ausgesprochen hässlich. Sie besitzen nicht die zarte Schönheit der Undinen oder Blumenfeen, aber eine erdverbundene, außerirdische Eigentümlichkeit, die ebenfalls sehr reizvoll ist. Mit den langen, geraden, dicken Haaren in allen möglichen Naturfarben, dem untersetzten Körper, einer breiten, fleischigen Nase und ebensolchen Ohren hat der Troll zweifellos einen ganz eigenen Stil. Männer und Frauen rauchen gerne Huflattichblätter in kleinen Ton-

RECHTS *Trolle sind sehr weise, behalten ihr Wissen jedoch am liebsten für sich.*

oder Holzpfeifen. Auch wenn sie keinen besonderen Wert auf ihre Kleidung legen, sind sie besonders stolz auf gestreifte Strümpfe. Sie hassen nasse Füße und achten daher immer auf festes Schuhwerk. In der Vergangenheit gerieten Trolle in Misskredit, und man unterstellte ihnen, sie seien bösartig und würden sogar Menschenfleisch essen. Dies ist vollkommen falsch, auch wenn es unter den Trollen schwarze Schafe gibt, wie in allen sozialen Gemeinschaften. Doch wie die Gnome sind sie Erdgeister und Hüter von großem Wissen und Weisheit. Sie gelten als aufbrausend, wenn sie beleidigt werden, aber meiner Meinung nach wird ein Troll schlimmstenfalls laut aufschreien oder mit dem Fuß aufstampfen, bevor er in der Erde verschwindet. Vielleicht schmollt er noch eine Weile, doch sicher nicht lange.

EINFANGEN EINES TROLLS

Entzünden Sie in einer bergigen oder bewaldeten Gegend ein kleines Feuer. Werfen Sie eine Handvoll Huflattichblätter hinein und sagen Sie: »Paganus Larva, fictus fabulosus, apparere conspici, Statim! Confestim! Extemplo!« Dann werfen Sie ein Haar von sich ins Feuer. Verhalten Sie sich ganz still, wenn Sie wispernde Stimmchen hinter sich hören, und beobachten Sie das Feuer, bis es heruntergebrannt ist. Auf einer spirituellen Ebene haben Sie mit den Trollen kommuniziert, und Ihr Leben wird sich mit Hilfe der Erdgeister in eine neue Richtung bewegen.

Undinen (Nixen) und Najaden

Undinen (oder Nixen, wie sie an einigen Orten, z. B. in Deutschland, genannt werden) sind außergewöhnlich hübsche Elementarwesen des Wassers mit ovalen Gesichtern, langen gelben oder grünen Haaren und großen gelben oder grünen Augen. Man begegnet ihnen überall auf der Welt. Sie sind sehr kräftig, groß und schlank, und ihre eigenartige grauweiße Haut schimmert silbrig und fühlt sich feucht an. Ihre Flügel sind zart wie ein Spinnennetz, aber paradoxerweise äußerst reißfest. In kleinen Spitzentäschchen haben sie helle Zauberkiesel, die dem glücklichen Finder unermessliches Glück bringen. Ihre Kleider – falls sie welche tragen – sind durchscheinend und kunstvoll bestickt. Sie lieben Rüschen an Kragen, Ärmeln und Säumen, meiner Meinung nach ein Zeichen ihrer Liebe zu schäumendem Wasser. Undinen singen und kämmen sich gerne und kümmern sich um Menschen, die im Wasser in Not geraten. Aufgrund eines uralten Versprechens müssen Undinen pro Jahr mindestens eine Seele eines Ertrunkenen retten. Sie bewahren die Seelen in kleinen, irdenen Gefäßen auf und vergraben sie auf dem Grund des Gewässers. Einmal jährlich, an Samhuin (Halloween), können die Seelen zur Erde zurückkehren. Wildwasserfahrer treffen häufig auf Undinen, da sie liebend gerne Kanus nachjagen. Gewöhnlich wohnen sie unter Wasserfällen und anderen schnell fließenden Gewässern. Germanische Überlieferungen erzählen von Undinen, die in Gestalt alter Frauen an Land gingen und auf Bau-

RECHTS *Undinen sind sehr weiblich und lieben Wasserspiele.*

RECHTS *Im Wasser sind viele Feenarten zu Hause. Seien Sie vorsichtig, welches Wesen Sie fangen!*

EINFANGEN EINER UNDINE/NIXE

Fangen Sie eine Undine nur, wenn Sie ihr ein geeignetes Zuhause, z. B. einen nahen Teich oder natürlichen Wasserfall, bieten können. Unter Umständen können Sie die Undine auch in Ihrer Dusche beherbergen, allerdings müssen Sie dann den Wasserverbrauch im Auge behalten. Bringen Sie ihr zuerst ein paar Seerosen an ihren Wohnort. Sinken oder verschwinden die Blumen, hat die Undine ihr Geschenk angenommen. Setzen Sie sich ans Wasser, und singen Sie sanft Ihr Lieblingslied, bis Sie ihre Aufmerksamkeit erregt haben. Flüstern Sie ihr zu, warum Sie sie gerne in Ihrem Hause hätten, und versichern Sie ihr, dass sie sich vollkommen frei bewegen darf (Undinen gehören zu den besonders freiheitsliebenden Wesen des Feenreiches). Wenn Sie ihr Einverständnis spüren, können Sie nach Hause zurückgehen und ihre Ankunft abwarten. Als unabhängiges Wesen wird die Undine selbständig zu Ihrem Haus finden. Keine Sorge: Sie werden ihre Anwesenheit erkennen, weil unweigerlich »Wasserangelegenheiten« in Ihr Blickfeld rücken. Dies hat auch Nachteile, z. B. ungewöhnlich häufig verschüttete Flüssigkeiten oder tropfende Wasserhähne. Plätze, die regelmäßig unter Wasser stehen, werden oft von einer ganzen Gruppe Undinen bewohnt. Fragen Sie daher lieber zuerst Ihre Nachbarn, bevor Sie eine Undine zu sich einladen. Wollen Sie eine Undine wieder loswerden, so entfernen Sie einfach alle Dinge, die mit Wasser in Verbindung stehen, dann wird sie verschwinden, um feuchtere Orte aufzusuchen.

ernmärkten die vielen verschiedenen Früchte- und Gemüsesorten bewunderten.

Die Najaden sind Verwandte der Undinen und diesen sehr ähnlich. Sie leben jedoch lieber an ruhigeren Orte, z. B. am Grund eines Flusses oder Sees. Leider sind die Najaden dafür berühmt, Menschen zu ertränken. Sie locken sie in die Mitte eines Gewässers, bringen das Boot zum Kentern oder ziehen sie hinaus, so dass sie ertrinken. Außerdem ködern die Najaden uns Menschen mit ihrer außergewöhnlichen Schönheit. Sie haben dunkelgrünes oder blaues Haar, helle Augen und ein spitzes Kinn. Zwischen ihren langen und schmalen Fingern und Zehen besitzen sie Schwimmhäute. Najaden kommen niemals an Land, und angesichts ihrer Boshaftigkeit gegenüber Menschen sollte man keinen Versuch unternehmen, sie zu fangen.

WISKIES

RECHTS *Wiskies bringen Glück und helfen, andere zu verzaubern.*

Wiskies sind winzigkleine, dunkle Feen mit silbernen Flügeln. Sie leben sehr zahlreich in dunklen, feuchten, süß duftenden Gehölzen. Am häufigsten findet man sie in dichten Wäldern. In Sonnenstrahlen, die durch Baumwipfel auf den Waldboden fallen, sind sie deutlich zu erkennen. Bei genauem Hinschauen kann man sie durch die Luft schweben sehen. Heute tanzen sie auch in den Lichtstrahlen, die durch zerbrochene Gewächshausfenster im Garten fallen, allerdings eher selten, da ihnen die Umgebung eines Gewächshauses zu hell ist. Am wahrscheinlichsten sieht man sie an dunklen Orten, wo vereinzelte Lichtstrahlen einfallen. Beobachten Sie das Strahlenbündel aufmerksam, schließen Sie einige Sekunden lang die Augen, und öffnen Sie sie wieder. Wiskies sind etwa 15 mm groß und ähneln winzigen Menschen mit klitzekleinen, stechenden, katzen-

EINFANGEN EINES WISKIES

Die folgende Fangmethode lernte ich von meiner Tante Mary (selbst teilweise eine »Gartenfee«). Ihrer Meinung nach ist es der beste Weg, einen Wiskie zu fangen. Wiskies können nicht lange gehalten werden: Sie würden sich vor Sehnsucht verzehren und wahrscheinlich sterben, wenn man sie zu lange von ihren geliebten Wäldern fernhält. Tante Mary empfahl, mit einem Topf Honig zu einer Waldlichtung mit wilden Orchideen zu gehen. Streichen Sie ein wenig Honig auf die Blütenblätter der Orchideen, und verstecken Sie sich in der Nähe. Der Duft von Honig und Orchidee wirkt auf Wiskies unwiderstehlich. Wenn Sie lange genug warten, kommen sie angeflogen und bleiben am Honig kleben. Dann können Sie hingehen und sie »retten«.

gleichen silbernen Augen. Männer und Frauen sind kaum zu unterscheiden, bei näherem Hinsehen erkennt man im Allgemeinen bei Männern eine winzige, bauschige Halskrause. Sie sind Botschafter zwischen den Welten, und wenn Sie eine besondere Nachricht haben, stellen Sie sich einfach in den Lichtstrahl der Wiskies.

INDEX